INTELIGENCIA EMOCIONAL Y HABILIDADES DE PENSAMIENTO CRÍTICO PARA EL LIDERAZGO (2 EN 1)

20 ESTRATEGIAS PARA MEJORAR TU INTELIGENCIA EMOCIONAL, MEJORAR TUS HABILIDADES SOCIALES Y TU AUTOCONCIENCIA

STEWART HUNTER

D

DEVON HOUSE
PRESS

ÍNDICE

Introducción   v

Parte I
AUTOEVALUACIÓN: ¿QUÉ TIPO DE LÍDER
ERES AHORA MISMO?

1. ¿Eres Un Verdadero Líder?   3
2. Los bloques de construcción de un gran líder   30

Parte II
INTELIGENCIA EMOCIONAL

3. Comprendiendo la Inteligencia Emocional   47
4. Las 20 Estrategias Imprescindibles Que Pueden   62
   Potenciar Tu Inteligencia Emocional
5. Ve más allá de la simpatía   75
6. La Regulación De Las Emociones Es Una De Las   84
   Habilidades Más Importantes Que Puedes Desarrollar

Parte III
HABILIDADES COGNITIVAS

7. Nuestros Padres Nos Ayudaron A Desarrollarlas,   115
   Ahora Somos Lo Suficientemente Mayores Para
   Desarrollarlas Nosotros Mismos
8. Profundiza Tus Habilidades Cognitivas   126

Parte IV
DESARROLLA TUS HABILIDADES DE
PENSAMIENTO CRÍTICO Y UTILÍZALAS

9. ¿Por qué las habilidades de pensamiento crítico?   145

Parte V

CREA MEJORES RELACIONES, PROSPERA
EN EL CAMINO ELEGIDO Y CONVIÉRTETE
EN EL MEJOR LÍDER POSIBLE

10. Habilidades Sociales   161
11. El Impacto De Un Gran Liderazgo En Todas Las   174
    Áreas De Tu Vida
12. El Liderazgo Y Otras Habilidades Durante Una   202
    Ruptura

Conclusión   219

INTRODUCCIÓN

El liderazgo. Es una posición preciada, una medida de respeto personal y profesional. Muchos se esfuerzan por conseguirlo, pero pocos lo logran. Algunos creen que es algo innato en la personalidad de una persona, que sólo los naturalmente carismáticos pueden ser verdaderos líderes. Otros pueden sentir que su liderazgo se desvanece, que el control sobre los aspectos profesionales y personales de su vida se les escapa. Sus habilidades de liderazgo necesitan mejorar, y rápido, antes de que sea demasiado tarde.

Sea cual sea tu situación concreta, estás leyendo esto ahora porque quieres reforzar tus habilidades de liderazgo, si es que eso es posible. Y, por supuesto, lo es. Cualquier conjunto de habilidades puede afinarse, y las habilidades de liderazgo son cruciales para muchos aspectos de la vida: personal, profesional, social, familiar. Cuanto mejores sean tus habilidades de liderazgo, mejor será tu vida y más felices y realizados estarán tú y los que te rodean.

¡Y este libro tiene las respuestas que necesitas! Aprenderás todo lo que necesitas saber y más, sobre los principios psicológicos y los conceptos basados en la investigación, respaldados por pruebas fáciles de aplicar que puedes realizar en el momento. Desglosaremos las habilidades de liderazgo como la comunicación clara, la empatía, la reflexión (entre muchas otras) y lo que implican; la inteligencia emocional, las habilidades cognitivas, el pensamiento crítico y las habilidades sociales. Aplicaremos estas habilidades a diversos ámbitos y etapas de la vida, demostrando cómo ciertos conceptos básicos son consistentes en cualquier tipo de desarrollo. La información médica y los datos más recientes de la industria, se recopilan en este manual fácil de leer, para la superación del liderazgo.

Publicamos libros diseñados para mejorar cada parte de tu vida personal y profesional, con un equipo de escritores e investigadores dedicados a ayudarle a superar tus retos, alcanzar tus objetivos y tener una vida más feliz, más larga y más satisfactoria. Yo mismo he utilizado estas técnicas y puedo dar fe de su eficacia. Te harán más inteligente emocionalmente, estarás más consciente de ti mismo, más atento y agradecido, más relajado y libre de estrés. Incluso un pequeño puñado de los principios de este libro podría dar un giro a cualquier vida o carrera. Utilizarlos todos podría ser revolucionario para ti y para cualquier persona que conozcas o ames.

Este libro tiene todo lo que necesitas para empezar de inmediato, desde casa o la oficina o donde quiera que estés. De hecho, si estás prestando atención, listo para concentrarte, retener, recordar y aplicar esta información, ya has dado el primer paso para mejorar tus habilidades de liderazgo. Ahora pasa la página y da el siguiente paso. El momento es ahora. Si finalmente estás leyendo esto, es que llevas tiempo pensándolo. Puede que haya problemas en tu lugar de trabajo o en tu casa ahora, y es probable que se agraven. La falta de comunicación, la desorganización, la falta de respeto y la insatisfacción, pueden pudrirse en silencio (y lo harán), crecen en las sombras. Las cosas en tu matrimonio o carrera o con tus hijos o amigos o hermanos adultos, podrían estar acercándose ya a un punto de crisis. Puedes continuar languideciendo en los peldaños más bajos de la vida durante otro mes, otro año, otra década.

Pero tiempo es lo único que el dinero no puede comprar, lo único que no podemos desperdiciar. Así que no pierdas ni un segundo más. Empieza a mejorar tu vida ahora, mientras aún estás a tiempo.

Una mayor inteligencia emocional, habilidades cognitivas y de pensamiento crítico más agudas, son claves para reparar o crear relaciones más sólidas y resultados de equipo superiores. Están en tus manos, son tuyas para que las tomes. Disfruta del viaje y no te preocupes, no estarás solo. ¡Ahora avancemos hacia una mejor carrera y una mejor vida!

I

AUTOEVALUACIÓN: ¿QUÉ TIPO DE LÍDER ERES AHORA MISMO?

¿ERES UN VERDADERO LÍDER?

Podemos definir vagamente el liderazgo como el proceso de influir en otros para lograr algún objetivo, por medio de una organización coherente y cohesiva. Pero es mucho más fácil decirlo que hacerlo. ¿Que hace a un buen líder? ¿Eres uno tienes margen mejorar? ¿Tienes lo que se necesita para ser el líder que aspiras a ser? La respuesta, por supuesto, es sí, o no habríamos publicado este libro. Esta es una guía útil para convertirte en el líder que deseas y necesitas ser.

Pero, ¿qué tipo de liderazgo es ese?

UN LÍDER SOLO DE NOMBRE

Eres un líder, un verdadero líder. Te preocupa la eficiencia de tu personal y la exactitud y eficacia de los resultados. Sabes que tus trabajadores son cruciales y valoras su humanidad tanto como su utilidad.

Se puede confiar en ti y en tu equipo para hacer el trabajo. De lo contrario, ¿qué clase de líder serías?

Lamentablemente, serías como la mayoría de los que ocupan esa posición, un líder sólo de nombre. Esta es una trampa en la que es muy fácil caer, y la mayoría de las personas que lo hacen y ni siquiera se dan cuenta. Puede que incluso te haya ocurrido a ti, a pesar de tus mejores esfuerzos por lo contrario.

Da miedo, ¿verdad? Podrías estar "dormido al volante" sin siquiera saberlo. Pero nunca es demasiado tarde para salir de esa situación y volver a tomar el control de tu equipo. Hazte algunas de estas preguntas útiles para asegurarte de que no eres un líder sólo de nombre.

¿Qué es más importante para ti, los resultados del proyecto o el beneficio para tu carrera? Sé sincero. Mucha gente pone su carrera en primer lugar, porque estamos entrenados para ello. Nuestra sociedad competitiva, nos prepara para basar toda nuestra identidad en lo que hacemos, en lo que ganamos. Los símbolos de estatus están por todas partes, desde los coches que conducimos hasta las casas en las que vivimos. Nuestro éxito es a menudo la medida de nuestra valía, la medida de nuestra humanidad. Además, la carrera de una persona tendrá muchos proyectos, al igual que la carrera de un médico tendrá muchos pacientes, y la de un contable muchos contribuyentes. ¿Qué le importa más al contable, al médico o al gestor? Un médico puede perder un paciente, pero sigue teniendo una casa que pagar, hijos que alimentar, vestir y escolarizar. Un contable tiene clientes que van y vienen, pero sólo una familia, y una carrera con la que atender a esa familia.

Por lo tanto, es común y no es descabellado. Pero no ese no es un buen liderazgo. Porque un buen líder, entiende que el éxito final de esa carrera singular, se basa en los éxitos de las unidades más pequeñas, el proyecto o el paciente o el contribuyente. Demasiadas pérdidas o fracasos y la carrera del médico o del contable se agota. Incluso si los pacientes y los contribuyentes siguen viniendo (y lo harán) hay una cuestión de integridad profesional. El buen médico o contable hace un buen trabajo para su paciente o contribuyente, hace lo mejor que puede hacer cada vez. A veces se cometen errores, y a menudo se pueden corregir. Pero un líder sabe que no es el centro del proyecto. Un buen médico no entra en el quirófano preocupado por su reputación; entra preocupado por su paciente. El contable puede saber que tendrá que respaldar su trabajo, pero ante todo, debe preocuparse por la exactitud de la declaración de impuestos que está creando. Esa es la medida de su valía profesional.

Esto nos lleva a un concepto importante, que debes conocer. Las personas con éxito dan prioridad al resultado final y no a su lugar en el proyecto. Es un signo de seguridad y autorrealización, poner el proyecto por encima de la persona. Es una técnica de externalización que separa a la persona del comportamiento, lo que permite ver los fracasos como peldaños hacia el éxito en lugar de como manchas en la reputación de la persona. Demasiados fracasos tendrán un efecto adverso en lo profesional, por supuesto, pero eso puede llevar a pensar demasiado y a pensar negativamente en uno mismo, y pueden poner a cualquier persona, directivo o trabajador, en un espiral descendente destructivo.

Pensar demasiado, en resumen, es la tendencia a reflexionar sin cesar, sobre lo que se podrías haber hecho en el pasado o lo que podrías hacer en el futuro. Reproducir viejas discusiones insertando líneas reescritas o imaginar conversaciones que aún no se han producido, no es una buena forma de gastar tu tiempo y energía ya que esto te generará ansiedad y estrés.

El autodiscurso negativo es la tendencia a decirte a ti mismo que no vales nada, que estás condenado al fracaso. Es el autocastigo que acompaña al exceso de pensamiento, y es absolutamente tóxico. Ningún buen líder se entrega a esta práctica dañina.

Todo se reduce a dos tipos de mentalidad existentes: una mentalidad fija o una mentalidad de crecimiento. Una mentalidad fija, asocia a la persona con los acontecimientos que la rodean, como puede hacer un líder sólo de nombre. Quien posee una mentalidad fija cree que los resultados están predichos, porque si una persona ha tenido un fracaso, debe ser un fracasado, y siempre lo será. Pensar demasiado y hablar negativamente de uno mismo ayuda a asegurar esta mentalidad, e influye luego en el comportamiento. La falta de confianza en uno mismo, limitará las oportunidades o creará fracasos a través del principio de la profecía autocumplida.

Una mentalidad de crecimiento, acepta el fracaso como una experiencia de aprendizaje necesaria para el éxito final. Esta mentalidad externaliza los acontecimientos de la persona, cree que una persona puede fracasar sin ser un fracaso, que puede crecer a través del proceso de los fracasos. Esta mentalidad tiende a evitar pensar demasiado en el pasado o en el futuro y se centra más en el presente, en hacer el trabajo. Se permiten hablar en positivo de sí mismos, apoyándose en la autocompasión. Esto les da la confianza necesaria para asumir nuevas oportunidades y tener nuevos éxitos, gracias al principio de la profecía autocumplida.

El líder sólo de nombre, es probable que tenga una mentalidad fija. El verdadero líder probablemente tenga una mentalidad de crecimiento. ¿Qué mentalidad tienes tú? ¿Eres un verdadero líder o un líder sólo de nombre?

¿Eres coherente? Ya hemos mencionado la integridad, y es hora de analizarla más detenidamente. La integridad en términos aeronáuticos, se refiere al ala de un avión. Se espera que el ala se doble y ceda ante ciertas fuerzas externas como el viento y la temperatura. Pero la integridad se refiere a la forma en que el ala responde. Ante las mismas fuerzas externas, el ala debe reaccionar de forma predecible y fiable. Esto se conoce como la integridad del ala. Cuando esta integridad se viola y el ala reacciona de forma poco fiable e inestable, puede desprenderse y hacer que el avión se estrelle.

Las personas son iguales. Reaccionan a las fuerzas que les rodean, un supervisor o un cachorro, provocan reacciones diferentes en una misma persona. Pero una persona debe ser generalmente fiable en su reacción a cada uno. Y un ala sigue siendo un ala, no actúa como un motor o una ventana. Es lo que es y hace lo que hace, sin importar la elevación, si el avión se mueve o no. Del mismo modo, las personas no deberían convertirse en personas radicalmente diferentes en compañía de una u otra persona. De lo contrario, no serían fiables, podrían ser cualquier cosa en cualquier momento, no tendrían integridad.

Los líderes, especialmente, deben mostrar esta integridad. Deben ser fiables y estables. Su equipo confía en ello. Ellos deben dar el ejemplo que el equipo seguramente seguirá. Un líder de equipo estable y fiable, que muestre coherencia y fiabilidad, es necesario para el éxito de cualquier proyecto. Si carece de esta cualidad, un líder es un líder sólo de nombre.

Y, como un ala, un buen líder es flexible. El líder sólo de nombre dirá "no" sin razón, que el sistema funciona así y que no hay que modificarlo para cada situación. No se trata de una perspectiva infrecuente ni irreal.

El existencialista del siglo XX, Michel Foucault, desglosó la sociedad en dos modelos, uno de sistema y otro de proceso. Los que seguían el modelo de sistema, tenían buenas razones para creer que la sociedad funcionaba mejor como una colección de sistemas; el sistema judicial, el gobierno, el sistema penal, la iglesia católica; estas cosas prevalecían porque no cambiaban constantemente. Tenían integridad y eran estables y predecibles. Para ello, el individuo no era integral ni importante. El sistema era dominante y el individuo servía como parte de estos sistemas; un estudiante, en el sistema educativo, un prisionero, del sistema judicial. Esto creaba una sociedad funcional.

Otros, según Foucault, siguen el modelo de proceso. El modelo de proceso, se centra en el individuo y evita el dominio de cualquier sistema. En este modelo, el individuo crea su propio sistema, basándose en el proceso de examinar los sistemas pero sin sucumbir a ellos. En este modelo, los sistemas fallan y sólo un proceso puede crear el individuo ideal. La sociedad con más individuos ideales es la sociedad superior en este modelo.

Y esto también tiene mucho sentido. En el mundo moderno (y a lo largo de la historia, en realidad) los sistemas fallan. El sistema penal se ha privatizado, creando encarcelamientos masivos y terribles maltratos. El sistema conocido como la Iglesia Católica, estaba tan plagado de corrupción vendiendo indulgencias, que fue necesaria la Reforma de Martín Lutero en el año 1500, creando la tradición protestante, de la que ahora han surgido muchas sectas, cada una basada en su propio sistema formado por el proceso.

En general, un individuo de mentalidad fija, se inclinará por una visión del mundo orientada al sistema. No se cuestiona el sistema; el sistema es fijo. Una persona con mentalidad de crecimiento es más propensa a ser un individuo orientado al proceso y a resistirse al pensamiento sistémico por considerarlo rígido y propenso a la corrupción y al fracaso.

¿Eres un pensador orientado al sistema, o un pensador orientado al proceso? ¿Estás dispuesto a modificar tu enfoque y aceptar la flexibilidad como parte del proceso, o estás convencido de que hay que imponer la rigidez del sistema? ¿Eres un líder flexible o un líder rígido sólo de nombre?

¿Reuniste a un equipo basándote en su capacidad o en la tuya? Reflexiona sobre esto. Un líder sólo de nombre quiere y necesita seguir siendo el líder. Como suelen tener una mentalidad fija y creen que se personifican por sus logros, los líderes de nombre, sólo se aferran a su posición. Por ello, son propensos a formar equipos que no les eclipsen. El autodiscurso negativo y el exceso de pensamiento les llevará a desconfiar de su propio equipo y a ser competitivos con él. Los directivos con mentalidad de crecimiento, sabrán que su propia autoestima no está ligada a ningún resultado concreto, y menos aún a los resultados positivos de nadie de su equipo. En todo caso, eso se refleja bien en el líder. Pero el líder sólo de nombre tendrá miedo de perder su lugar, de competir con los mejores miembros de su equipo. Esto, por supuesto, es una forma de autosabotaje en varios sentidos.

Por un lado, puede animar a los trabajadores a contenerse y no dar lo mejor de sí mismos, por miedo a eclipsar a su inseguro jefe. Esto contribuye al fracaso general del proyecto. Y es una pena, porque lo que importa es el éxito del proyecto, es el éxito de la suma total de los mejores esfuerzos de todos, lo que crea el éxito del líder.

Además, da un pésimo ejemplo que seguramente todos seguirán. Si el líder es inseguro, es poco fiable y carece de integridad. Su equipo no se subirá a bordo, como no se subiría a un avión si supiera que el ala se desprenderá en pleno vuelo. El equipo será inseguro y poco fiable, sospechará y será competitivo entre sí. Esto destruirá las posibilidades de éxito, para el proyecto, el equipo y su líder.

Un buen líder, con integridad, siempre elegirá a los mejores miembros del equipo, independientemente de cualquier sensación de inseguridad. Piensa en el piloto de un gran avión comercial. ¿Le preocupa que el navegante le quite el puesto? No debería pensar en eso ni siquiera por un instante. Su única preocupación debe ser la entrega segura de sus pasajeros a su destino. Eso es todo. El buen cirujano no reúne un equipo de técnicos inferiores por miedo a su propia carrera. El mejor cirujano tiene el mejor apoyo porque su única preocupación es el éxito de la operación, la vida del paciente. Si no es así, es un médico sólo de nombre.

¿Eres un líder sólo de nombre? ¿Has reunido un equipo seguro de no eclipsarte o has conseguido el mejor talento posible para hacer el mejor trabajo posible?

Se decisivo. Si eres el líder, debes dirigir. Eso significa ser flexible, como hemos mencionado. También significa tener cierta base en los sistemas y en los procesos. Sucederán cosas para las que quizá no estés preparado. Las complicaciones surgen durante las cirugías. Los patrones meteorológicos inesperados pueden hacer que un vuelo sea traicionero. Habrá que tomar decisiones, y es posible que haya que ajustarlas, teniendo en cuenta diversos factores. Un líder debe estar preparado para actuar en respuesta a las influencias cambiantes. Un líder no siempre puede estar seguro de lo que debe hacer, y puede haber mucho en juego.

Esto nos lleva de nuevo al concepto de sobrepensamiento. Una persona que piensa demasiado, puede dar tantas vueltas a un problema que se vuelve incapaz de actuar. Esto es lo que se conoce como parálisis por análisis, y es mucho más común de lo que se cree. Una persona puede pasar toda su vida sin escribir esa novela, sin crear ese negocio, sin perfeccionar ese invento, porque no puede dejar de pensar y, por lo tanto, no puede empezar a actuar. Esto provoca una autodiscurso negativo, el hábito de castigarse a sí mismo con represalias y autodesprecio, lo que crea una falta de voluntad para intentar cosas nuevas, una mentalidad fija y una serie de profecías autocumplidas que pueden paralizar cualquier vida personal o profesional.

Los resultados de este espiral descendente, por cierto, incluyen el estrés y la ansiedad, la mala alimentación y los malos hábitos de sueño que pueden dar lugar al abuso de sustancias, el aumento de peso y las consiguientes repercusiones físicas. Los resultados suelen ser ataques al corazón, derrames cerebrales, muerte prematura y suicidio.

El hecho es que no todas las decisiones son correctas. El éxito implica un riesgo, y el riesgo implica el fracaso. Tu decisión puede resultar en un fracaso, esto debes saberlo. Pero no proceder por miedo al fracaso es asegurar el fracaso, eso es el fracaso; el fracaso de actuar, el fracaso de decidir.

Y si tu decisión resulta en un fracaso, es probable que se pueda corregir. Si no, podrás exteriorizarlo y no dejar que eso te defina como persona. Sabrás que el fracaso se traducirá en una lección bien aprendida, y que contribuirá a tus éxitos posteriores, incluso se considera una parte necesaria de ese éxito.

¿Eres decisivo, a pesar de la incertidumbre, como un verdadero líder, o sufres parálisis por análisis como un líder sólo de nombre?

Un buen líder tiene en cuenta los aportes de los demás. Algunas personas son totalmente seguras de sí mismas, y la confianza es algo bueno. Pero un equipo es sólo eso, un equipo, y prospera cuando se tiene en cuenta el punto de vista de cada miembro. Puede haber sabiduría desde la perspectiva de un miembro menor del equipo, o de uno más alto en la jerarquía. Esto se remonta a un nivel de seguridad por parte del líder del equipo. Un líder de equipo seguro de sí mismo, acogerá las contribuciones del equipo sin preocuparse de ser eclipsado por un miembro del equipo. Un verdadero líder valorará más el resultado final que su apariencia como fuente de todas las buenas ideas. Un líder de nombre, cree que sólo él o ella conoce el curso de acción correcto.

Los verdaderos líderes ponen el listón alto y lo alcanzan. Saben que es la forma de mejorar la eficacia individual y del equipo, la forma de aumentar las capacidades del equipo. Un líder de nombre, sólo pone el listón bajo, sabiendo que será un éxito fácil. Pero los éxitos fáciles no son éxitos en absoluto, son el statu quo. El éxito implica un riesgo, y los logros con un listón bajo, requieren poco o ningún riesgo. Por eso no son realmente éxitos, y por eso suelen ser fijados por líderes sólo de nombre.

Los líderes son gentiles en su liderazgo, no excesivamente autoritarios. Algunos líderes creen que la mano dura es importante para mantener a raya a los miembros del equipo. Pero ese tipo de liderazgo sólo engendra amargura, inseguridad, paranoia, competitividad, peleas internas, y eso hace que el equipo sea ineficaz e impide el éxito del equipo.

LAS CARACTERÍSTICAS DE UN VERDADERO LÍDER

Hemos visto lo que hace un líder sólo de nombre, y por contraste lo que hace un líder fuerte. Pero ser un líder fuerte es algo más que no ser un mal líder. El verdadero líder tiene características que aporta al trabajo. No es sólo una cuestión de gestión, sino de fortalezas de carácter que permiten a un verdadero líder gestionar de forma correcta, sabiamente.

Desde George Washington hasta Richard Branson, los buenos líderes han sido siempre persistentes. Aceptan el fracaso como parte del proceso del éxito. Son personas con mentalidad de crecimiento, que pueden separar su propio valor del valor de sus decisiones y acciones.

Saben que ningún resultado está predeterminado y, cuando fracasan, no se detienen en ello. No dejan que la autoconversión negativa les impida volver a intentarlo, para seguir luchando por el éxito final. La autora de Harry Potter, J.K. Rowling, Stephen King, Walt Disney e incluso los Beatles, se enfrentaron al rechazo al principio de sus carreras, pero la persistencia les llevó a ser verdaderos líderes (Ringo, quizá no tanto).

Los verdaderos líderes tienen visión, sobre todo de sí mismos. Las personas que alcanzan el éxito, a menudo se han forjado a sí mismas, y eso requiere mucha confianza. Pero la confianza no significa engañarse, pensando que uno es un genio en todo y en todo momento. Nadie es perfecto, y un verdadero líder sabe esto de sí mismo ante todo. Del mismo modo que un verdadero líder escucha a los miembros de su equipo, que son los mejores que ha podido encontrar, un líder fuerte sabe que tiene algunos puntos fuertes y algunas debilidades, como todo el mundo.

Y un verdadero líder lo tiene en cuenta a la hora de formar el equipo. Un verdadero líder, seguro de su posición y preocupado principalmente por el éxito del proyecto, contratará a personas que tengan las habilidades que el líder sabe que le faltan. El líder puede ser un buen motivador, pero puede carecer de habilidades organizativas o de contabilidad o artísticas. Para eso está el equipo, para proporcionar esas cosas. Por lo tanto, el verdadero líder crea un equipo con habilidades que son exclusivas del equipo, no del líder.

En esta línea, un verdadero líder es un oyente activo. Digieren lo que escuchan, no se limitan a asentir y sonreír. Quieren información nueva y la procesan, convirtiéndola en una acción positiva si es posible. El verdadero líder tampoco es nunca condescendiente con su equipo, porque sabe que la información puede favorecer el éxito del proyecto, y eso es lo más importante para un verdadero líder. Un líder sólo de nombre, parecerá escuchar, mientras piensa en sí mismo o quizá se mira en un espejo, esperando su momento para hablar sin digerir nada de lo que se dice.

La honestidad es un rasgo crucial para cualquier líder verdadero. Hemos hablado de la integridad, de la fiabilidad, pero la honestidad es la clave de estas cosas. Una persona cuya palabra de honor es fiable, es una persona fiable. Nadie tiene integridad sin honestidad, porque, de lo contrario, reaccionaría de la manera que más le convenga. Sus palabras y acciones no son más que expresiones de deseo y conveniencia. Los miembros del equipo seguirán el ejemplo del líder y serán deshonestos ellos mismos, entre ellos y con el líder del equipo. Es casi seguro que esto tendrá resultados desastrosos para el proyecto y, por tanto, para el equipo. Una persona que carece de honestidad no tiene cabida en tu equipo ni en ningún equipo, pero desde luego no liderando un equipo.

Un verdadero líder se comunica de forma abierta y clara. Dice lo que piensa sin ser franco, burdo o grosero. Sabe decir algo positivo antes de decir algo negativo. Explican sus opiniones para educar mejor a los miembros del equipo y así obtener mejores sugerencias en el futuro. Un líder de nombre sólo recurre a frases vacías de contenido ("Vamos en otra dirección" o "Lo sabré cuando lo vea") o a instrucciones u opiniones confusas. Puede estar inspirado en el deseo de ser amable o gentil, pero la falta de franqueza, eso es lo que hace que las cosas vayan mal en casi todos los casos profesionales. También reprende sin ser degradante ni humillar a su equipo.

Un buen líder tiene visión de futuro. No se limita a confiar en las viejas formas de hacer las cosas, por muy fiables o probadas que estén. Un buen líder está al tanto de las últimas tecnologías. Imagina a un jefe de equipo que no tenga un teléfono móvil o que no sepa utilizar PowerPoint o que no pueda abrir o enviar un correo electrónico. Desde Kubla Khan hasta el general George Patton, los grandes líderes se han apoyado en las últimas tecnologías y en las ideas más creativas.

Un buen líder también se fija en el futuro, del proyecto y del equipo. Conoce las ramificaciones del fracaso o del éxito, del trabajo de calidad o del que carece de ella. Por lo tanto, un verdadero líder siempre mira hacia adelante. Del mismo modo, un buen líder no se detiene en el fracaso. Aprende las lecciones de ese fracaso y luego sigue adelante, lo más rápidamente posible.

Los verdaderos líderes no sólo se rodean de los mejores y más brillantes sin preocuparse por los sentimientos de inseguridad o competitividad, sino que guían y desarrollan a los demás, estén o no en su equipo. Los verdaderos líderes saben que el equipo más fuerte prevalecerá, que el equipo siempre puede hacerse un poco más fuerte mejorando el rendimiento de los individuos de ese equipo. El verdadero líder desarrolla las habilidades de los individuos del equipo, sabiendo que eso hará que el rendimiento del equipo mejore. Los verdaderos líderes también orientan a otros que no están en su equipo. Esto crea lazos profesionales que pueden servir al líder a lo largo de su carrera, y sirven como buenas conexiones para proyectos posteriores. La tutoría también aumenta la calidad general del trabajo, y aunque algunos pueden ver esto como una ayuda a la competencia, otros saben que cuando el nivel del agua sube, levanta todos los barcos con él.

Los verdaderos líderes se autorrealizan. Se han ganado su lugar satisfaciendo sus propias necesidades básicas más complejas, estéticas e incluso trascendentes. Han respondido a las preguntas existenciales de su propia vida, saben quiénes son y han establecido un sólido conjunto de creencias. Estas creencias deben incluir los principios superiores de honestidad, integridad y humanidad, o el líder será un líder sólo de nombre. Los verdaderos líderes comparten estas normas con los demás y no tolerarán menos de los miembros de su equipo.

Un verdadero líder predica con el ejemplo. El comportamiento es siempre el punto de referencia de las creencias, y el líder sabe que sus acciones están bajo un escrutinio especial del equipo, que mira al líder como ejemplo, y del cliente, que mira al líder por los resultados. Por lo tanto, un verdadero líder siempre se comporta de manera de ser un buen ejemplo y causar una buena impresión. Y, por supuesto, el verdadero líder, guía a su equipo para que sea y haga lo mismo.

Un verdadero líder trabajará junto al equipo. Es cierto que el director suele tener tareas diferentes a las de los miembros, que tienen tareas individuales creativas y administrativas. El verdadero líder les deja hacer sus tareas y se dedica a coordinar y planificar. Pero el verdadero líder también está con el equipo, presente para responder a las preguntas, listo para reaccionar ante los desafíos inesperados que puedan surgir. Un líder de nombre, sólo aparece de vez en cuando para enseñorearse del equipo, hacer valer su peso y luego desaparecer.

Ven al equipo como un recurso para ellos, pero pasan por alto que el líder es un recurso crucial para el equipo.

En este sentido, un verdadero líder no microgestionará ni controlará a su equipo. Más bien, un verdadero líder inspirará a su equipo, lo animará y lo guiará. El verdadero líder ha reunido al mejor equipo posible y permite que ese equipo florezca. El líder de nombre, cree que sólo él o ella sabe lo que es mejor y siente que tiene que intervenir en cada etapa, en cada tarea. Pero ese líder no conoce sus propias debilidades ni los puntos fuertes de los miembros de su equipo.

En esta línea, los verdaderos líderes delegan en los miembros de su equipo. Confían en que han reunido al mejor equipo y se apoyan en los miembros de ese equipo.

Pero los verdaderos líderes no tienen miedo de empujar a su equipo para que alcance el máximo nivel. El verdadero líder, sabe lo que hay que hacer y está dispuesto a asegurarse de que su equipo lo haga. Aunque no es exigente ni autoritario, el verdadero líder sigue teniendo autoridad y debe exigir, no pedir. Por supuesto, el verdadero líder equilibra la autoridad con la humanidad y sabe que las exigencias se hacen a todos los miembros del equipo, incluido el líder. Todos deben llevar su peso, y el trabajo del verdadero líder es asegurarse de que lo hagan y coordinar esos esfuerzos. Al fin y al cabo, si un miembro no da lo mejor de sí mismo, el éxito general del proyecto se ve amenazado.

Un verdadero líder sabe cómo gestionar adecuadamente el tiempo. Esto incluye tiempo libre para el cuidado personal, por supuesto. También significa vigilar los plazos, solicitando registros de tiempo a los miembros del equipo si es necesario. Porque un verdadero líder es responsable de su propio tiempo, pero también de la gestión del tiempo de los miembros de su equipo. Un verdadero líder sabe que el tiempo es lo más valioso en la vida, ya que ninguna cantidad de dinero puede comprar ni siquiera una pequeña fracción de él (salvo en un contexto médico, quizás). El tiempo es lo único que no podemos permitirnos desperdiciar. Y, como dice el viejo dicho empresarial, el tiempo es dinero.

Un líder sólo de nombre, es perezoso con el tiempo, permitiendo que se pierdan los plazos o apurando en el último minuto para hacer las cosas. Un líder sólo de nombre, permitirá que su equipo sea descuidado con su propia gestión del tiempo, en detrimento del éxito de sus proyectos.

Un verdadero líder, hará que su equipo y él mismo, rindan cuentas y sean responsables. Varias personas están demasiado dispuestas a culpar a otros de sus errores. A menudo, los demás se equivocan y sus compañeros de equipo los juzgan con dureza, culpándolos. Pero un verdadero líder da un mejor ejemplo, que incluye la asunción de responsabilidades personales. Un verdadero líder sabe que, en última instancia, es responsable de todos los miembros del equipo, y da este gran ejemplo para que los miembros de su equipo lo sigan. El líder sólo de nombre siempre culpará al equipo por la falta de éxito y se excusará.

Un verdadero líder mantendrá las cosas en perspectiva. Tomará decisiones meditadas, sin sufrir la parálisis del análisis, ni precipitarse en movimientos insensatos. Consideran las alternativas, asimilan los puntos de vista de su equipo o de sus colegas y toman las mejores decisiones, asumiendo luego la responsabilidad de las mismas. Son previsores, por lo que saben que sus decisiones tendrán ramificaciones de gran alcance. El líder sólo de nombre es impulsivo, y toma decisiones desinformadas basadas en sus propias necesidades y no en las del proyecto.

LÍDERES NATOS VERSUS LÍDERES HECHOS A SÍ MISMOS

En realidad se trata de una cuestión de naturaleza frente a crianza, una pregunta antigua que ha sido el centro del pensamiento filosófico y la inspiración de historias desde Pigmalión hasta Trading Places.

En casi ningún lugar se plantea la cuestión con más frecuencia que en el ámbito del liderazgo. De un grupo de niños, todos criados más o menos igual, tiende a surgir un líder natural. Esto favorece la perspectiva basada en la naturaleza. Pero otros dirán que los niños rara vez son tratados de la misma manera incluso por el mismo grupo de padres, y que algunos padres pueden generar más líderes que otros en función de los estilos de crianza.

El hecho es que las personas nacen con diferentes habilidades y talentos innatos. Todos los nacidos en Estados Unidos pueden ser iguales ante la ley (idealmente), pero no nacen iguales. De hecho, como cada persona es única en aspectos científicos muy específicos, no puede haber una verdadera equidad. Algunos son más grandes y más fuertes, otros están dotados de atractivo genético, algunos nacen con deformidades u otros desafíos físicos.

Y muchos dirían que los líderes están dotados de las cualidades que utilizarán más adelante en la vida. Estas cualidades pueden manifestarse en forma de audacia o incluso de agresividad juvenil, una forma cruda de tomar el control. Los líderes suelen ser inteligentes, y la inteligencia es sin duda una cualidad inherente, dotada genéticamente a unos más que a otros.

Algunos están dotados de genio, y sus nombres resuenan en la historia: Albert Einstein, Mozart, Stephen Hawking. Aunque es interesante señalar que estos son líderes en su campo, aunque a menudo trabajaban solos. No eran gestores, ni líderes de equipos. Así que, siguiendo esa línea lógica, se puede argumentar que la inteligencia inherente puede no tener nada que ver con las habilidades de liderazgo.

Asimismo, la agresividad puede convertir a la persona en antisocial, lo que no es la cualidad de un verdadero líder. Los niños reservados pueden llegar a ser adultos capaces de dirigir con calma a los demás. Muchos dirán que es una cuestión de experiencia vital lo que moldea a un individuo y lo prepara para un papel u otro en la sociedad; un gestor o un creador (un miembro especializado del equipo, normalmente creativo de alguna manera) una perspectiva basada en la crianza. Aunque los requisitos naturalmente creativos del creador suelen ser tanto heredados como desarrollados a través del tiempo y la experiencia.

La mayoría de las teorías del comportamiento sostienen que el liderazgo es un conjunto de habilidades que puede adquirirse, puede enseñarse y aprenderse. Hay innumerables libros, clases y seminarios que se basan en este concepto, y su éxito es testimonio de su eficacia. Si la gente aprende estas habilidades para convertirse en mejores líderes, entonces el liderazgo puede aprenderse, y los líderes se hacen y no nacen.

Un líder con mentalidad de crecimiento, sabe que el liderazgo es, como la mayoría de las cosas, un proceso. Puede y debe perfeccionarse y mejorarse con el tiempo, los resultados y la eficacia. Esto también habla del lado del argumento basado en la educación. Todos los militares del mundo se dedican a la formación en liderazgo, es el modo y la razón por la que ascienden en el escalafón.

El liderazgo es realmente un arte y, como todas las artes, debe aprenderse. Es cierto que algunos genios como Mozart pueden hacerlo prácticamente desde su nacimiento. Pero nosotros no somos Mozart. Podemos tener alguna habilidad innata, pero en general tenemos que aprender y desarrollar esa habilidad a través de años de doloroso desarrollo e instrucción.

El liderazgo también puede ser una cuestión de oportunidad. Uno puede encontrarse en esa posición por casualidad. El verdadero líder está preparado para liderar cuando llega el momento. El líder sólo de nombre entrará en pánico o se hinchará de poder egoísta y de delirios de grandeza.

Piensa en los grandes líderes de la historia: Mahatma Gandhi, Nelson Mandela, Martin Luther King Jr, Abraham Lincoln. Eran líderes que no buscaban la fama ni la riqueza. Eran desinteresados, amantes de la gente y de la justicia. Tenían un alto nivel de exigencia, integridad y el valor de sus convicciones.

La verdad es más probable que, como la mayoría de las verdades, se componga de varias circunstancias. Como la mayoría de los concursos de naturaleza y crianza, la respuesta es, francamente, un poco de ambas. Algunas personas están dotadas de los dones necesarios para el liderazgo, y éstos siempre pueden perfeccionarse, y otros aspectos del liderazgo pueden y deben aprenderse mediante la instrucción.

El principio de Pareto, también se conoce como la regla del 80/20, llamado así por el economista Vilfredo Pareto. La regla 80/20 nos dice que aproximadamente el 80% de los efectos se producen como resultado de aproximadamente el 20% de las causas. Es confuso, pero para hacerlo fácil, la regla sugiere que un verdadero líder se hace en un 80% y nace en un 20%. Sin embargo, estudios realizados en la Universidad de Illinois respaldan la investigación de que el liderazgo se aprende en un 70% y sólo en un 30% es genético.

Los líderes aplican habilidades y conocimientos en lo que se denomina liderazgo de proceso. Pero también es un hecho que los rasgos pueden afectar a nuestras acciones, lo que se conoce como liderazgo de rasgos. Los líderes llevan a cabo este proceso aplicando sus conocimientos y habilidades de liderazgo. Es una combinación de ambos, lo que hace a un verdadero líder.

¿QUÉ ESTILO DE LIDERAZGO ESTÁS APLICANDO?

Tanto si un líder se hace como si nace, suele adoptar un estilo determinado. Incluso se puede generalizar, ya que los patrones parecen reducirse a siete estilos de liderazgo.

El primero es el estilo de liderazgo autocrático. Este es el estilo de liderazgo más autoritario, un acuerdo de "yo hago lo que quiero". Muchas personas con antecedentes militares pueden asumir este estilo de liderazgo, ya que seguir estrictamente las órdenes forma parte de su formación.

Pero este tipo de liderazgo suele ser de mentalidad fija y no está abierto a las contribuciones de los demás. A menudo, no tiene en cuenta los puntos fuertes del líder o, en este caso, sus debilidades. Esta forma anticuada de liderar, no es tan eficaz en la era moderna, aunque algunas personas todavía la defienden. Por suerte, *mi* jefe no.

Los que dirigen con el estilo burocrático, son similares a los líderes autocráticos. Esperan que el equipo siga las reglas que el líder ha establecido. Pero el líder autocrático hace hincapié en su propio lugar al frente del equipo. El líder burocrático, como habrás adivinado, hace hincapié en el equipo en su conjunto y se apoya más en él. Este enfoque de *laissez-faire* puede ser eficiente, pero también puede conducir a la ineficacia, el sello de cualquier burocracia.

El estilo autoritario, a veces llamado estilo visionario, también marca el ritmo, pero este estilo involucra a los miembros del equipo más que el estilo autocrático, emocionándolos y orientándolos hacia una mayor participación y resultados superiores.

Es un estilo que hace hincapié en la orientación, no sólo en el liderazgo.

El estilo de fijación del ritmo, se llama así porque este líder marca el ritmo. Pone el listón muy alto, impulsa a sus equipos con fuerza y rapidez. Este estilo enérgico es eficaz, pero también puede resultar agotador y estresante para algunos empleados.

El mejor estilo de gestión en estos tiempos turbulentos, puede ser el estilo de liderazgo ágil. Este estilo es similar al estilo de fijación del ritmo, pero tiene la vista puesta en el largo plazo. El estilo de fijación del ritmo puede ser bueno para los cambios rápidos y los proyectos a corto plazo, pero el estilo ágil, un poco más relajado, es mejor para el largo plazo.

El cuarto estilo, el estilo democrático de liderazgo, hace un poco más de hincapié en el pensamiento de grupo, apoyándose en las opiniones de los miembros del equipo. Algunos líderes encuentran este enfoque difuso, pero otros se dan cuenta de que el líder sigue teniendo la mano decisiva en todos los asuntos. Al fin y al cabo, para eso está el líder. Sin embargo, este estilo, permite una mayor creatividad, mayores contribuciones, fomentar el espíritu de equipo y, a menudo, crear resultados superiores. También hace que el ambiente de trabajo sea mucho más ligero que los estilos anteriores.

El estilo de coaching es el que más énfasis pone en los miembros del equipo, dándoles más responsabilidades, un listón más alto y animándoles y guiándoles activamente. Es un poco como el estilo de liderazgo, aunque este enfoque pone aún más énfasis en los miembros del equipo y sus contribuciones. Este estilo de liderazgo se presta particularmente bien a la tutoría, que tiene una variedad de otros beneficios.

Es posible que nunca hayas oído hablar del estilo de liderazgo afiliativo. Este líder es más que un entrenador, incluso más que un mentor. El estilo afiliativo, que funciona junto con otros como el estilo democrático, se centra en las necesidades de los miembros fuera de los límites estrictos del proyecto. Se tienen en cuenta las necesidades emocionales, por ejemplo, y no sólo las necesidades prácticas para llevar a cabo el proyecto.

Algunos creen que esas cosas deben quedar fuera de la oficina, que las cosas se vuelven demasiado desordenadas. Y es cierto que un estado emocional y un estado racional no pueden coexistir en la misma psique al mismo tiempo, el pensamiento racional debe ser siempre el centro del trabajo. Las emociones, dirán algunos, son para el hogar. Y eso sería cierto si no fuera por el hecho de que los seres humanos llevan sus emociones a cuestas todo el tiempo, y el lugar de trabajo puede ser una experiencia estresante. Ese estrés se expresa a menudo en forma de emociones.

Pero este estilo de liderazgo puede suavizar los conflictos y crear relaciones de colaboración en cualquier equipo. Es un estilo ideal para una situación estresante.

En última instancia, este estilo consiste en fomentar la armonía y formar relaciones de colaboración en los equipos. Es especialmente útil, por ejemplo, para suavizar los conflictos entre los miembros del equipo o para tranquilizar a la gente en momentos de estrés.

El estilo *laissez-faire* resultará familiar a cualquiera que esté familiarizado con la historia o la política. Nacido de la frase francesa que significa "dejar hacer", este estilo adopta un enfoque de no intervención en el liderazgo. Este estilo delega más de lo que dirige, da a los miembros del equipo el máximo control sobre su horario de trabajo. La idea es dejar que el equipo florezca, aunque la desventaja es a menudo la desorganización y un resultado disperso.

El estilo de liderazgo transformacional es comparable al estilo de coaching, pero pone más énfasis en el objetivo del proyecto y menos en el rendimiento de los miembros del equipo. El líder transformacional está más interesado en el juego que en los jugadores.

Un estilo de liderazgo transaccional utiliza incentivos para inspirar al equipo; bonificaciones, premios, utilizando concursos para mantener al equipo animado. También es una potente herramienta para la tutoría. Es estupendo para hacer el trabajo, pero los tipos creativos tienden a resistirse a él, y eso es una parte importante del trabajo de cualquier directivo.

En el liderazgo situacional, el énfasis se pone en la situación por encima del líder, el equipo o incluso el proyecto. La teoría situacional hace hincapié en cuatro estilos de liderazgo. Está el de decir, que es instructivo; el de vender, que busca convencer; el de participar, que invita a la contribución del equipo, y el de delegar, que resta importancia a la contribución del liderazgo. La situación determinará qué tipo de liderazgo se necesita.

¿Qué estilo de liderazgo te funcionará mejor? Depende de ti, de tu equipo y de la situación. Si te encuentras en una crisis y tienes que cambiar las cosas, un enfoque democrático te permitirá obtener los mejores resultados para tu equipo. Si eres un nuevo gestor de un equipo que ya está en marcha, puedes probar el enfoque de laissez-faire y cambiar al democrático si las cosas van mal. Es posible que dirijas con un estilo en una fase del proyecto, tal vez marcando el ritmo al principio para que las cosas salgan bien, y luego vuelvas a adoptar un enfoque afiliativo a medida que la oficina avanza de proyecto en proyecto.

De nuevo, conoce tus puntos fuertes. ¿Eres un tipo fácil de llevar? El enfoque afiliativo puede ser el adecuado para ti. ¿Tienes una personalidad más extrovertida? Tal vez el estilo coaching sea más eficaz que el estilo autocrático.

Ten en cuenta que hay diferentes estilos, y conoce cuál empleas y por qué. No te limites a improvisar. Sé consciente, sé estratégico, aprende a leer cuándo un estilo de liderazgo será más eficaz que otro. En momentos de crisis, puedes elegir el estilo afiliativo, pero sólo en esos momentos.

Si tus habilidades de liderazgo no son tan efectivas como esperabas en un estilo, averigua por qué y haz mejoras. Afortunadamente, tienes la suficiente mentalidad de crecimiento como para saber que todo y todos pueden, y probablemente mejorarán, con el tiempo y la experiencia.

Como todas las habilidades, las de liderazgo deben practicarse. No caigas en la trampa de pensar que lo has logrado. Las habilidades pueden atrofiarse, hay que mantenerlas actuales, frescas en la llamada memoria muscular (término que utilizan los atletas, bailarines y músicos para referirse a un movimiento muscular repetido que se convierte en algo natural).

Sea cual sea el estilo de liderazgo que emplees, sé genuino. Que surja de una parte real de ti. No finjas ser autoritario si no eres tú. No intentes entrenar a alguien si eso no está en ti. Y así debe ser. Todos tenemos varias facetas de nuestra personalidad que no solemos emplear. Descubre la tuya.

EVOLUCIONA HACIA EL LÍDER QUE DESEAS SER

Como hemos visto, el verdadero liderazgo es un conjunto de habilidades que depende de ciertos rasgos de la personalidad y de los puntos fuertes del carácter. Hay diferentes estilos de liderazgo, cada uno de los cuales tiene puntos fuertes e inconvenientes. Saber en qué tipo de líder quieres convertirte es fundamental para llegar a serlo. También lo son las herramientas y técnicas que leerás y aprenderás en este libro. Ahora que sabemos lo que es un líder y quién puede convertirse en uno, veamos más de cerca los componentes de un gran líder.

2

LOS BLOQUES DE CONSTRUCCIÓN DE UN GRAN LÍDER

CONVERTIRSE EN UN VERDADERO LÍDER ES UN PROCESO

Ya hemos visto que los líderes no nacen, se hacen (bueno, nacen, pero no como líderes natos). Los expertos coinciden en que el deseo y la fuerza de voluntad pueden convertir a cualquiera en un líder eficaz. Es un proceso continuo de educación, estudio, experiencia y formación.

Tal y como lo definimos, el liderazgo es el proceso de influir en otros para lograr algún objetivo mediante una organización coherente y cohesionada. Lo encontramos en todas las facetas de nuestra vida; profesional, social y familiar.

Hemos analizado las cualidades de un verdadero líder, y de un líder sólo de nombre. El verdadero liderazgo requiere influencia, no poder.

Requiere de otros, no es una práctica en solitario.

Un líder necesita seguidores, uno de los pilares de cualquier líder. Y el verdadero líder sabe que diferentes personas necesitan ser dirigidas de manera diferente. Algunas requieren un poco más de atenciones; otras se erizan ante ello. Pero seguidores tiene que haber, y son cruciales para cualquier liderazgo. Sin ellos, no hay liderazgo en absoluto. Por eso, un verdadero líder debe tener siempre presente lo importantes que son sus seguidores o su equipo.

Una comunicación clara y sana es vital para ser un buen líder. Esto tiene mucho sentido, ya que el equipo es vital para el líder, y la comunicación es imprescindible para su interacción. Aprende a mejorar tus habilidades de comunicación para ser el mejor líder posible.

Las situaciones son partes críticas de ser un líder. Las situaciones ocurren, no importa dónde estés o qué estés haciendo, es una situación. Por lo tanto, esto forma parte del liderazgo. El líder eficaz debe tener en cuenta la situación cuando dirige. Una sala de conferencias es una situación diferente a la de un edificio en llamas y debe tratarse como tal. En este último caso no es el momento de aplicar el enfoque afiliativo para hablar de la emoción. Ese es un buen enfoque para después de que todos hayan salido vivos.

¿GESTIÓN O LIDERAZGO?

Hay una sutil pero importante diferencia entre liderazgo y gestión. La función principal de la gestión es producir *consistencia* y orden a través de procesos deliberados, como la organización, la elaboración de presupuestos, la planificación, la dotación de personal, la resolución de problemas, etc.

La función principal del liderazgo, en cambio, es producir el cambio a través de una serie de procesos, como alinear a las personas, inspirar y motivar. Se puede dirigir a través del cambio, pero gestionar el statu quo.

La función principal del liderazgo es producir el movimiento y el cambio constructivo o adaptativo a través de procesos, como establecer la dirección mediante la visión, alinear a las personas, motivar e inspirar.

¿LÍDER O JEFE?

El jefe tiene poder, es cierto (también se conoce como liderazgo asignado). Pero éste puede ser un líder sólo de nombre. El verdadero líder hace que sus seguidores quieran cumplir sus objetivos, no sólo que sientan que tienen que cumplir las exigencias del jefe (también llamado liderazgo emergente).

LIDERAZGO EMERGENTE VS. LIDERAZGO ASIGNADO

Liderazgo total

Así pues, para ser un buen líder, debes ser algo más que un jefe, algo más que un gestor. Debes ser respetado por tu ética e integridad; debes inspirar a los demás con una fuerte visión de futuro.

LOS PRINCIPIOS DEL LIDERAZGO

En 1983, el ejército estadounidense presentó los once principios del liderazgo. Cualquier verdadero líder los conoce y los incorpora, ¡y ahora tú también puedes hacerlo!

Algunos de ellos ya los hemos tratado, como el de conocerte a ti mismo y buscar la auto-superación; estar bien formado y tener experiencia, asumir la responsabilidad y desarrollar ese mismo sentido en los miembros de tu equipo, actuar de forma oportuna pero razonada, predicar con el ejemplo, conocer a tu equipo, comunicarte con claridad.

Pero también querrás formarte como equipo, si puedes. Deja que un nuevo miembro sea formado por el equipo sobre la marcha. Desarrolla y mantén el espíritu de equipo, recuerda a todos que lo importante es el resultado final, no la contribución de un solo miembro.

El Ejército de los Estados Unidos hace hincapié en los tres conceptos de liderazgo: *Ser, saber, hacer.* Ellos saben quiénes son, conocen su trabajo y las personas que los rodean, hacen lo que deben para lograr el objetivo. Es bueno tenerlo en mente.

Un verdadero líder ejerce una influencia en su entorno y lo hace con tres acciones distintas. Ellos establecen; estándares de desempeño y metas para su equipo, valores para su empresa u organización, conceptos sobre las personas y el negocio que hacen.

Los estándares se aplican a estrategias, planes, productividad, confiabilidad, calidad, liderazgo. Los valores se aplican a la preocupación que tiene la empresa por sus clientes, empleados, inversores y el medio ambiente. Los conceptos se aplican a los productos y servicios ofrecidos y a los procesos y métodos para realizar negocios.

La combinación de estas tres cosas define cómo se ve una empresa, tanto por los clientes como por la competencia. Define roles y relaciones, recompensas y ritos dentro de la empresa.

Los roles son, básicamente, puestos dentro de la empresa, que tienen expectativas definidas de comportamiento y productividad. Cada equipo tiene roles; uno es un escritor, otro un artista gráfico, el otro un ingeniero, otro un contador. Cada rol tiene su lugar, cada miembro del equipo tiene una función.

Las relaciones dependen de la tarea asignada a un determinado rol. Algunos están aislados, otros requieren más interacción. Pero no importa cuán aislado pueda estar un trabajador, aún debe ser dirigido de manera efectiva.

CULTURA Y CLIMA

Los roles y especialmente las relaciones en un equipo o en una empresa se ven afectados tanto por la cultura como por el clima. Cada empresa tiene su propia cultura. Algunas son más modernas, con oficinas llenas de juguetes y mesas de ping pong y otras cosas, para crear una sensación fresca, joven y creativa. Otras son más tradicionales. Esto tendrá un efecto en las relaciones entre roles.

Piensa en el clima como el sentimiento general que surge de la cultura. Un enfoque más nuevo, puede crear un clima más fresco y tranquilo, pero puede que no sea lo mejor para la productividad (aunque puede hacer maravillas en tu juego de ping pong). Las culturas tradicionales en los negocios pueden producir un clima más sofocante, no muy propicio para la creatividad.

Conoce el clima y la cultura de tu situación y estarás mejor capacitado para liderarla de manera correcta y efectiva.

Tanto el clima como la cultura, pueden aplicarse según estándares éticos, consideraciones ambientales e incluso pagos de acciones. Pero el clima puede cambiar y la cultura es un concepto más perdurable. El clima puede cambiar con una recesión económica, aunque el modelo cultural de la empresa perdurará.

Es poco probable que los líderes puedan influir en la cultura de la empresa, que generalmente es determinada por los fundadores de la empresa. A menos que el líder sea el fundador, existe la visión de otra persona para servir aquí. Pero los gerentes y los verdaderos líderes afectan el clima de la oficina, y esa es una de las funciones principales del verdadero líder. Debes poner tu enfoque allí al administrar o liderar.

Otros investigadores han encontrado más componentes básicos de los grandes líderes. A menudo desafían los sistemas con los que trabajan. Son pensadores orientados al proceso. Inspiran la idea de una visión compartida e inspiran a otros a actuar en consecuencia.

5 COSAS QUE TODO LÍDER NUEVO Y EXPERIMENTADO PUEDE HACER PARA DESARROLLAR HÁBITOS DE LIDERAZGO ESENCIALES

Aprovechar al máximo tus posibilidades como líder, significa aprovechar al máximo tus propias habilidades. Un verdadero líder sabe que el liderazgo es un proceso continuo. Como hemos comentado, incluyen la escucha activa, la inteligencia emocional, una mentalidad de crecimiento, llevar a cabo conversaciones con propósito, hacer las preguntas correctas y ser un buen entrenador.

Los malos hábitos, que impiden el verdadero liderazgo, incluyen expectativas poco realistas. No esperes resultados supersónicos de la noche a la mañana. No esperes resultados hercúleos de simples mortales. Los mejores resultados, a menudo no son rápidos ni lineales, no existe un camino directo hacia el éxito. A menudo, es un camino tortuoso.

Los líderes exitosos, se enfocan en quiénes quieren convertirse, no en lo que quieren lograr. Sé que esto es contrario a la intuición y he estado afirmando las virtudes de anteponer los resultados del esfuerzo a las cualidades del individuo.

Pero uno no se propone completar un proyecto, salvar a un paciente o presentar una declaración de impuestos. Uno se propone hacer eso continuamente, y eso hay que tenerlo en cuenta. Sigue siendo imprescindible tener presente el éxito de un proyecto, pero es una cuestión de perspectiva. El éxito global se consigue a través de una serie de éxitos más pequeños. Si vas a ser un líder, lo mejor es que emprendas un camino deliberado para convertirte en un líder.

Uno de los pilares de un gran liderazgo es la comprensión de la diferencia entre acción y movimiento. Puede que sea algo que nunca hayas considerado, así que echemos un vistazo más de cerca. Hay mucho que revelar.

Comprende la diferencia entre acción y movimiento. El movimiento es una sensación que obtenemos al realizar una acción. Pero el movimiento no conlleva el riesgo de fracasar, la acción sí. Aun así, el movimiento requiere acción. El truco está en conocer la diferencia.

Los riesgos ocurren cuando se actúa, las recompensas ocurren cuando se experimenta el movimiento.

Un hábito que todos los líderes parecen desarrollar es la lectura. Es un hábito que excita la mente y mantiene a una persona con visión de futuro. Es una fuente de información inestimable que ningún vídeo de YouTube puede sustituir. Y con Kindle, la lectura es más rápida y más barata que nunca. Se acabaron los días de las estanterías mohosas o las cajas de cartón llenas de libros. Casi todos los libros que se han escrito están al alcance de la mano, en casi todos los idiomas que aún se utilizan en la Tierra. Y con más de la mitad del mercado del libro dedicado a la no ficción, gran parte de la cual es de autoayuda, hay una gran cantidad de datos para absorber, casi todos los cuales serán nuevos para ti y muchos de ellos aplicables a tus situaciones en la vida.

El liderazgo también significa ser generoso con los elogios. La moral es crucial para el trabajo en equipo, y los verdaderos líderes lo saben. Un líder no sólo no debe ser competitivo o inseguro respecto a su equipo, sino que el verdadero líder levanta a su equipo y reconoce sus esfuerzos.

La positividad es un elemento clave de cualquier liderazgo. Todos los estilos de liderazgo se basan en el concepto de positividad. Nada puede suceder en un clima de negatividad.

El descanso es un aspecto crucial del buen liderazgo que a menudo se pasa por alto. Es vital para la salud mental y física de un individuo, y para la salud de cualquier equipo. Un líder debe estar bien descansado, y debe procurar que los miembros de su equipo también lo estén.

Los verdaderos líderes también hacen de su salud física una prioridad. El ejercicio regular y una buena dieta tienen un efecto positivo en todos los aspectos de la vida de una persona. Y un verdadero líder predica con el ejemplo. Cualquier buen líder querría que su equipo estuviera en forma física y mentalmente, por lo que él también debe estarlo, incluso más. Además, hay más responsabilidad sobre los hombros del líder, y por eso debe estar físicamente en forma.

Una de las cosas prácticas que suelen hacer los líderes, es planificar su día siguiente con antelación. Hacen listas de tareas y saben a primera hora de la mañana lo que van a hacer. Esto les da impulso, propósito y organización, y es un gran ejemplo para su equipo, que debería hacer lo mismo.

RESPETO

El respeto; puede costar toda una vida ganarlo y sólo unos pocos segundos perderlo. Es la base de un liderazgo sólido. Pero, ¿cómo se gana uno el respeto de los demás? Es bastante fácil ver que practicando las cualidades de un verdadero líder, la honestidad y la integridad, la comunicación clara y el desinterés, se ganará el respeto de los demás. Pero hay otra forma de pensar en ello, las 12 Claves del respeto.

Los verdaderos líderes *cuidan* los sentimientos de los demás. Muestran *convicción* y lo hacen con *claridad, carácter* y *confianza*.

Los verdaderos líderes muestran *coraje* ante el riesgo y la incertidumbre y *compromiso* con sus normas y con sus clientes y también con su equipo. Están abiertos a la *colaboración*. Se *comunican* abiertamente y con *certeza, cortesía* y *credibilidad*.

Los directivos más eficaces saben que los buenos miembros del equipo se apoyan en su propio sentido del logro, la responsabilidad, el reconocimiento y el avance. Los mejores líderes también saben que están en una posición de poder. Saben cómo ejercer ese poder, y de dónde viene, o qué tipo de poder es. Ya hemos hablado de algunos tipos de poder, pero veámoslo con más detalle.

LAS SEIS FUENTES DE PODER

1. **El poder legítimo**, o poder posicional, se genera a partir de la función de la persona en la empresa. Se trata de una autoridad formal; directores de sucursal o entrenadores de equipos deportivos.

2. **El poder referencial** se deriva de la capacidad del individuo para atraer a otros y ganarse su lealtad. Muchos directivos y miembros de equipos tienen este poder. El poder

de referencia suele surgir de un rasgo personal, la simpatía o el encanto, ya que éstos son la base de la influencia interpersonal.

3. **El poder de experto,** se basa en los conocimientos y habilidades de una persona. Es una fuente de poder limitada, pero es particularmente potente cuando sus habilidades son especialmente valiosas para la empresa.

4. **El poder de recompensa,** se deriva de la capacidad de la persona para dispensar recompensas. Las recompensas más comunes son los aumentos de sueldo, el tiempo libre adicional u otros ascensos.

5. **El poder coercitivo,** es la otra cara del poder de recompensa, que se otorga a quienes pueden dispensar castigos en lugar de recompensas. A menudo este poder y el de recompensa están imbuidos en el mismo individuo. La recompensa suele ser el motivador preferido, ya que crea un clima más saludable en el lugar de trabajo.

6. **El poder informativo,** lo ejercen quienes tienen acceso a la información. Los guardianes de los datos en esta época tienen más poder del que creen. La información puede utilizarse en intercambios transaccionales de diversa índole. La información es poder.

Hemos profundizado en lo que hace un verdadero líder. Ahora, en la segunda sección de este libro, veremos más habilidades que son aún más apreciadas que el Coeficiente Intelectual (que, honestamente, casi todas lo son).

TEST DE HABILIDADES DE LIDERAZGO

He aquí un test, basado en investigaciones probadas, acerca de tus habilidades de liderazgo. Responde en una escala del uno al cinco, donde el uno es el más bajo (no) y el cinco es el más alto (sí).

- Siempre intento ver el punto de vista o la perspectiva de otra persona antes de dar mi opinión.
- No me gusta dividir un proyecto grande en partes más pequeñas.
- No me tomo el tiempo de evaluar las estrategias o los progresos del pasado, me interesa más mi propia perspectiva y las soluciones.
- Soy un líder autoritario, es mi camino o ya sabes por donde irte.
- Creo que el rendimiento superior y el trabajo duro deben ser reconocidos y recompensados.
- No puedo mantener una actitud positiva; me parece falsa.
- La gente espera que les dé esperanza cuando las cosas van mal, pero yo simplemente no lo siento.
- Los objetivos a largo plazo son importantes para mí, me aportan más felicidad que la satisfacción momentánea.
- Soy una persona generalmente positiva, incluso cuando las cosas se ponen difíciles.
- Me cuesta lidiar con el estrés.
- Tengo ganas de seguir un éxito con otro, y me entusiasman los nuevos proyectos.
- Las decepciones me perturban.

- Tiendo a culparme cuando las cosas no salen como lo esperaba.

- Un buen gestor sigue su propia visión y no necesita los aportes de los demás.

- Los empleados son personas de confianza, en su mayoría.

- El líder del equipo da el ejemplo de comportamiento a los demás en el equipo.

- A menudo me enfado por cosas que a otras personas no les parecen tan ofensivas.

- Cuanto más trabaje yo, más trabajarán los miembros de mi equipo.

- Tengo confianza en mis acciones y decisiones.

- No estoy muy seguro de hacia dónde se dirige mi organización. Me enfoco en el próximo plazo a cumplir.

- Los directivos deben predicar con el ejemplo.

- No hay que avergonzarse de perder.

- Influyo positivamente en los demás, en cómo actúan y en cómo enfocan su actuación.

- Conozco bastante bien a mi equipo, en qué es bueno cada uno y cuáles son sus puntos débiles.

- Aunque conozca a mi equipo, no invito a que me den consejos. Sólo causa problemas cuando no los utilizo.

- Un buen líder aprovecha el poder de su equipo.

- Los ideales son más importantes para mí que los beneficios.

- No consigo priorizar las cosas; todas me parecen igual de urgentes.

- No confío en nadie.

- La gente no parece seguir mi ejemplo.

- Intento argumentar mi caso, pero no soy bueno para convencer a los demás.
- La lluvia de ideas saca lo mejor de mí a nivel creativo.
- A veces me siento muy bien, pero de repente me siento desesperado.
- Cuando dirijo una reunión, todo el mundo sale animado y listo para volver al trabajo.
- No me desanimo fácilmente.
- Conozco la misión de mi empresa y dejo que esto guíe mi toma de decisiones.
- Me mantengo en contacto con el lugar que ocupa mi empresa en el mundo empresarial, con los cambios que se producen en todos los niveles.
- Me siento cómodo pidiendo la opinión de los demás.
- No me cuesta mostrar mi gratitud por las contribuciones positivas y los buenos resultados de los demás.
- Los detalles tienden a distraerme.
- No entiendo el término *"Pensar fuera de la caja"*. ¿Qué caja?

No te preocupes por tu puntuación. Por tus respuestas sabrás dónde tienes que apuntalar las cosas para mejorar tus habilidades de liderazgo. Ahora pasemos a la inteligencia emocional.

II

INTELIGENCIA EMOCIONAL

3

COMPRENDIENDO LA INTELIGENCIA EMOCIONAL

¿ES LA INTELIGENCIA EMOCIONAL REALMENTE MÁS IMPORTANTE QUE EL COEFICIENTE INTELECTUAL?

Has oído el término IQ toda tu vida, pero probablemente no sepas que significa Coeficiente Intelectual. Es una medida de tu inteligencia relativa. Por otro lado, EQ significa Coeficiente Emocional. Es una medida de tu seguridad y control emocional relativo, de cómo gestionas tu imaginación o la de los demás.

Hay un test estandarizado para medir el Coeficiente Intelectual de una persona, pero no para medir el Coeficiente Emocional de una persona, así que es difícil de equipararlos. Pero se pueden comparar. Una puntuación de CI de 70 o menos, se considera un intelecto con discapacidad, 145 se acerca al nivel de genio, 180 es la máxima puntuación posible.

Pero no hay forma de medir la Inteligencia Emocional.

Y las investigaciones demuestran que quienes lideran bien y tienen un buen rendimiento, tienen un alto coeficiente intelectual y también una inteligencia emocional adecuada. Ambas son necesarias para actuar y reaccionar en el acelerado mundo empresarial del siglo XXI.

A diferencia del coeficiente intelectual, la Inteligencia Emocional no es particular del individuo. Se divide en dos componentes: interno y externo, cómo gestionamos nuestras propias emociones y también cómo gestionamos las emociones de los demás.

En lo que respecta a la gestión de las propias emociones, hay tres rasgos distintivos de la inteligencia emocional. La autoconciencia, en la que uno entiende sus propios estados de ánimo y emociones y el efecto que tienen en los demás. La autorregulación, es la capacidad de controlar esas emociones e impulsos, de pensar antes de actuar. Y, por último, motivación, es el tercer rasgo distintivo de la inteligencia emocional. La motivación es un tipo de pasión más interna, basada en la propensión inherente al logro, en un impulso interno, más que en factores externos como la utilidad, otras personas o la influencia de tu entorno.

Eso es todo para la parte interna de la inteligencia emocional. ¿Y el coeficiente externo?

Externamente, tu Inteligencia Emocional mide tu gestión de las emociones de los demás y tu propia expresión emocional. Podemos desglosar nuestra Inteligencia Emocional externa. Por un lado, la conciencia social, que consiste en comprender la composición emocional de otras personas y cómo reaccionan a tus expresiones emocionales. La regulación social, por otro lado, es cómo influyes en las emociones de los demás.

Los investigadores de TalentSmart evaluaron a más de 2 millones de trabajadores y descubrieron que sólo el 36% de ellos podía evaluar con precisión sus propias emociones mientras se producían.

Hay dos componentes más de la inteligencia emocional externa. La empatía, que es la capacidad de compartir las emociones de los demás, es una parte crucial de la inteligencia emocional externa. Asimismo, son necesarias las habilidades sociales básicas. Entre ellas, la capacidad de comunicación y de escucha.

Una empresa dedicada a la venta de seguros, descubrió que sus agentes de ventas que carecían de empatía, confianza en sí mismos e iniciativa, todas ellas pruebas de la inteligencia emocional, obtuvieron una media de ventas inferior a la mitad de quienes demostraron esas cualidades.

La falta de inteligencia emocional puede tener efectos devastadores en el lugar de trabajo. El estrés y la ansiedad están siempre al acecho en las sombras de cualquier oficina, y un líder que carezca de inteligencia emocional pasará por alto las señales y puede permitir que esos problemas latentes, afecten a la productividad y la eficiencia. Es probable que la interacción pasiva/agresiva, los celos, los resentimientos y otros sentimientos destructivos, se desborden y creen un clima tóxico en el lugar de trabajo. Esto crea desorganización y caos y puede destrozar un equipo.

Y, a diferencia del coeficiente intelectual, la inteligencia emocional de una persona puede aumentarse. Un líder puede adaptar la inteligencia emocional, perfeccionarla, siendo más consciente de sí mismo y comunicándose con más claridad. Un estudio descubrió que aproximadamente la mitad de los niños inscriptos en el programa de Aprendizaje Social y Emocional (SEL) del sistema escolar público, obtuvieron mejores resultados y el 40% demostró haber mejorado sus promedios de notas.

LA INTELIGENCIA EMOCIONAL EN LA VIDA COTIDIANA

La inteligencia emocional es bastante común en la vida cotidiana. Cuando un niño acude a ti con una rodilla raspada, utilizas la inteligencia emocional. Si un compañero de trabajo es despreciado o reprendido por su jefe, requiere de su inteligencia emocional. Incluso al ver una telenovela en la televisión haces uso de la inteligencia emocional.

Pero es especialmente importante tener en cuenta la inteligencia emocional en el lugar de trabajo. Allí rara vez hay vínculos familiares, y probablemente no hay tantos romances de oficina como uno podría pensar. Eso significa que las conexiones no son tan sólidas en el lugar de trabajo y pueden debilitarse fácilmente. La competitividad, la inseguridad y otros factores hacen que el lugar de trabajo sea especialmente vulnerable al tipo de ansiedad y estrés que conlleva la falta de inteligencia emocional. La Inteligencia Emocional es especialmente importante en el lugar de trabajo.

Una mayor inteligencia emocional beneficia al líder al aumentar la conciencia interna, la empatía, la autorregulación y la comunicación colaborativa. Los beneficios para la empresa incluyen una mejor gestión del equipo, una reducción del estrés, una mejora del clima empresarial, una planificación más eficaz y mejores resultados.

Y no hace falta decir que la inteligencia emocional es crucial no sólo en las situaciones laborales, sino también en las personales, familiares y románticas; todas las facetas de la vida requieren inteligencia emocional.

MÁS INFORMACIÓN SOBRE LOS CINCO PILARES DE LA INTELIGENCIA EMOCIONAL

Hemos visto los cinco pilares de la inteligencia emocional: autoconciencia, autorregulación, motivación, empatía y habilidades básicas de comunicación personal. Pero, ¿cómo pueden estas cosas mejorar realmente nuestras vidas? Hemos visto algunos ejemplos, como la mejora del clima y la productividad en el lugar de trabajo. Y sabemos que la misma inteligencia emocional es necesaria en otros ámbitos de la vida moderna. Así que vamos a examinar más de cerca la inteligencia emocional fuera del lugar de trabajo.

Hemos mencionado la inteligencia emocional en el hogar. Además del lugar de trabajo, la inteligencia emocional es muy importante en el hogar. Sólo el hecho de que se pasen tantas horas del día en el lugar de trabajo, y que sea un lugar de acción y crisis frecuentes, hacen que la noción de inteligencia emocional sea tan importante.

Pero el hogar no es diferente. Los conflictos interpersonales, las crisis inesperadas, los asuntos tanto urgentes (relacionados con el tiempo) como importantes (relacionados con los objetivos) surgen constantemente y hay que gestionarlos. Cuando hay niños en la familia, esto es aún más importante. Los niños tienen menos inteligencia emocional y depende de sus padres, los líderes del equipo, gestionar bien sus emociones. Si no fuera así, los daños podrían ser graves y de gran alcance. Un niño que no aprende la inteligencia emocional, puede convertirse en un adulto que también carece de ella. Depende de los padres criar a un niño emocionalmente inteligente, y para ello deben ser primero emocionalmente inteligentes. Un buen padre, como cualquier verdadero líder, predica con el ejemplo.

También está la cuestión muy práctica de dirigir un hogar feliz. Un hogar en el que los niños se pelean entre sí, los padres se pelean entre sí o los padres se pelean con los niños, no es un hogar feliz. Los niños serán educados para comportarse de esa manera cuando sean adultos y para educar a sus propios hijos de la misma manera. Si esto te suena a tu familia, debes saber que puedes romper el ciclo ahora mejorando tu propia inteligencia emocional y luego aumentando la inteligencia emocional de los que te rodean mediante la orientación y la educación y, bueno, la inteligencia emocional.

Dado que el estrés y la ansiedad tienen efectos tan perjudiciales para la salud física y emocional, es importante tener en cuenta la conexión entre la inteligencia emocional y el bienestar físico o emocional. La falta de inteligencia emocional permite el aumento del estrés y la ansiedad, que tienen efectos grabados en los patrones de sueño y de alimentación, causando desnutrición o aumento de peso, y depresión, que puede llevar al abuso de sustancias. Está comprobado que todo esto causa complejos psicológicos, enfermedades mortales, muerte prematura y suicidio.

Así que la inteligencia emocional es crucial para una vida larga y saludable.

La inteligencia emocional también tiene un beneficio existencial. Las cuestiones existenciales de identidad y propósito, se abordan mejor con inteligencia emocional. Al fin y al cabo, no se trata de ecuaciones matemáticas, sino de preguntas sobre el sentido de la vida. Sondean las profundidades de la mente y el alma, y la inteligencia intelectual no es suficiente para encontrar una resolución satisfactoria a estas cuestiones.

De hecho, el propio concepto de éxito se basa en la inteligencia emocional. Porque quienes la tienen gozan de una fluidez, de una funcionalidad en la vida, que lleva naturalmente a una mayor socialización. Eso lleva a las oportunidades y estas son las puertas del éxito. La inteligencia emocional es algo que captan los demás, sobre todo si son ellos los que provocan la crisis emocional. La inteligencia emocional engendra gratitud y respeto, y esas son las cualidades que conducen a las oportunidades y al éxito que le puede seguir a éstas.

¿ERES INTELIGENTE EMOCIONALMENTE?

Ya hemos mencionado algunas de las características de la inteligencia emocional: la voluntad y el deseo de triunfar y de ayudar a los demás a triunfar, la empatía, el conocimiento de uno mismo y la pasión.

Pero para ser verdaderamente inteligente desde el punto de vista emocional, se necesita también curiosidad. La autoconciencia de los propios déficits y la pasión por el conocimiento y la superación personal, crean curiosidad por la nueva información, por los mejores métodos. La curiosidad es el sello de un individuo con mentalidad de crecimiento, lo que todos los verdaderos líderes poseen. Los verdaderos líderes también son emocionalmente inteligentes.

Los emocionalmente inteligentes deben tener también una mente analítica para procesar las causas de sus propias emociones y las de los demás. Recuerda que la emoción no es racional, pero la razón puede deshacer la emoción. Por lo tanto, el verdadero líder y el emocionalmente inteligente, sabe cuándo razonar, puede analizar la causa y el efecto y gestionar mejor sus propias expresiones emocionales y cómo tratar las emociones de los demás.

Los que tienen inteligencia emocional también tienen una especie de fe. No se trata necesariamente de una fe religiosa, aunque eso puede entrar en juego. Se trata de tener fe en la propia inteligencia emocional. Una vez que uno es emocionalmente inteligente, debe utilizar esa inteligencia de forma práctica, y eso requiere disciplina, dominio y confianza. Los emocionalmente inteligentes tienen fe en que su Inteligencia Emocional les servirá a ellos y a los demás, y tienen fe en las técnicas que son el sello de la Inteligencia Emocional, y en otras técnicas de comunicación presentadas en este libro. Y no hay razón para que el verdadero líder no tenga fe, ya que estas técnicas están basadas en la investigación y han sido probadas con el tiempo.

Es imprescindible tener en cuenta las necesidades y los deseos cuando se analiza la inteligencia emocional. La jerarquía de necesidades de Abraham Maslow, ilustra qué necesidades son básicas (comida, bebida, refugio) y cuáles son psicológicas (amor y pertenencia) y algunas relacionadas con la autorrealización (necesidades estéticas o espirituales u otras de autorrealización).

Los deseos, en cambio, son caprichos que pueden dar placer, pero que no son necesarios. Una casa más grande, un coche más elegante o el último iPhone son deseos, no necesidades. Las personas emocionalmente inteligentes conocen la diferencia, pero las que no lo son, suelen confundirlos. Puede que necesiten un coche más elegante o el nuevo iPhone, o al menos eso creen.

Los emocionalmente inteligentes suelen ser optimistas, porque confían en su enfoque y tienen una gran comprensión de quienes les rodean. Esto les lleva a un positivismo generalizado y favorece estilos de liderazgo eficaces, como el coaching y el estilo democrático.

Las personas emocionalmente inteligentes, suelen ser adaptables, ya que tienen sus normas básicas bien asentadas y saben que pueden manejar cualquier crisis inesperada que pueda sumir a su equipo en un desorden emocional. Las personas emocionalmente inteligentes también son lo suficientemente ágiles como para saber cuándo hay que cambiar de rumbo, admitir que algo no funciona o que otra cosa podría funcionar mejor. Lo aceptan sin tener en cuenta su ego o sus inseguridades personales, como haría cualquier verdadero líder. Como todo lo relacionado con la inteligencia emocional, esto es tan crítico en el hogar o en situaciones sociales, como en el lugar de trabajo.

Las personas emocionalmente inteligentes tienden a cambiar de forma, a adaptarse a diferentes circunstancias y situaciones. Las emociones tienden a ser caóticas y pueden surgir de la nada, por lo que las personas emocionalmente inteligentes pueden adaptarse rápidamente a una nueva situación y acomodarla adecuadamente.

Las personas emocionalmente inteligentes, rara vez son perfeccionistas. Por lo general, las personas con mentalidad de crecimiento, las que tienen inteligencia emocional, se dan cuenta de que la perfección rara vez se alcanza, y que ser perfeccionista es sufrir un exceso de pensamiento, un autodiscurso negativo y una mentalidad fija, todo lo cual es incompatible con la inteligencia emocional.

Por lo general, son agradecidos. Las personas emocionalmente inteligentes han priorizado lo que es importante (salud, vínculos sociales fuertes, autorrealización) frente a lo que no lo es (deseos materiales o gratificación del ego). Por lo tanto, están agradecidos por lo que tienen, en lugar de desear lo que no tienen. Esto es especialmente potente en situaciones familiares, sociales o laborales, pero también es crucial para el individuo y su paz interior, aunque no es eso en lo que nos centramos aquí.

Los emocionalmente inteligentes no parecen distraerse fácilmente. Una vez más, se trata de prioridades. Las personas emocionalmente inteligentes saben lo que es importante y se mantienen centradas en ello, ya sea la tarea que tienen entre manos o el tumulto emocional de un compañero de trabajo o miembro del equipo.

Las personas emocionalmente inteligentes suelen tener una vida equilibrada, con una cantidad justa de trabajo y diversión, tiempo social y privado. Esto se debe a que son más seguras de sí mismas que la mayoría, menos inseguras y más capaces de cumplir con sus tareas para aliviar la necesidad de trabajar en exceso.

Las personas emocionalmente inteligentes tienden a aceptar el cambio, no lo temen. Su confianza les permite ver la oportunidad en las crisis. El verdadero líder, con mentalidad de crecimiento e inteligencia emocional, sabe que el cambio es necesario e inevitable y espera los resultados positivos que el cambio pueda traer.

¿Posees tú estas cualidades? ¿Te faltan algunas pero no otras? Cuantas más de estas cualidades de la inteligencia emocional tengas, más eficaz serás como líder y más feliz serás también como persona.

CÓMO MEDIR TU INTELIGENCIA EMOCIONAL

Como hemos dicho, realmente no hay un test estandarizado para la Inteligencia Emocional como lo hay para el Coeficiente Intelectual. Pero si podemos poner un hombre en la luna, podemos medir la inteligencia emocional. Dejemos que algunas de las mentes más inteligentes de la psicología moderna nos den todo lo que necesitamos para hacer el trabajo. Así que, si quieres saber lo inteligente que eres (o no) emocionalmente, sigue leyendo.

Existen varias pruebas institucionalizadas para medir la Inteligencia Emocional, pero no hay un estándar único. El EIQ:M, crea un perfil de siete competencias emocionales. El Informe de Inteligencia Emocional forma parte del Sistema de Expertos OPQ. El EQ-i, de Bar-On, es una medida de autoinforme, con diversos fines. Existen también otras medidas de informe (basadas en tests de preguntas y respuestas, que implican a un interrogador o evaluador) o medidas de habilidad (pruebas de destreza o conocimiento). El MSCEIT mide la capacidad. El test EI-360 se utiliza para la gestión y el desarrollo de la carrera profesional.

Hemos incluido algunos ejemplos de preguntas de algunos de los tests más importantes para que puedas conocerte mejor a ti mismo, a los demás, a tu mundo y a todos los que lo componen.

Pregúntate y responde con un simple sí/no o en una escala del uno al cinco, donde el uno es lo menos positivo (un no) y el cinco lo más positivo (un sí).

- Reconozco mis propias emociones en cuanto las experimento.
- Suelo perder la paciencia en momentos de frustración.
- Me dicen que sé escuchar.
- Puedo calmarme cuando me siento molesto o ansioso.
- Organizo bien los grupos.
- Me cuesta mantener la concentración a largo plazo.
- La frustración y la infelicidad suelen inhibir mi toma de decisiones.
- Sé cuáles son mis puntos fuertes y mis puntos débiles.
- Intento evitar los conflictos y/o las negociaciones.
- No disfruto del trabajo que hago.
- Aliento la retroalimentación y la asimilo razonablemente.
- Reviso a menudo mis progresos en los objetivos a largo plazo.
- A menudo me confunden las emociones de los demás.
- No construyo bien las relaciones y me cuesta establecer vínculos con los demás.
- Me considero un oyente activo.

Ahora prueba estas muestras de otro test de Inteligencia Emocional, utilizando el mismo estilo de respuesta. La coherencia es la clave.

- Sé cuándo no debo hablar de mis problemas personales con los demás.
- Cuando me enfrento a obstáculos, reflexiono sobre experiencias similares anteriores y me reconforta y renueva mi pasión.
- No espero fracasar, ni siquiera en el primer intento.
- La gente no suele confiar en mí.
- Me resulta fácil entender la comunicación no verbal, como el lenguaje corporal.
- Controlo mi propia comunicación no verbal.
- Los acontecimientos importantes de la vida me han hecho reflexionar y reconsiderar mis prioridades.
- Mi estado de ánimo afecta a mi perspectiva.
- Disfruto de las emociones que siento, ya que generalmente son positivas.
- Vivo a la espera de cosas buenas, no de cosas malas.
- Tiendo a compartir mis emociones.
- Saboreo las emociones positivas y puedo hacerlas durar.
- Los demás disfrutan de los eventos que organizo.
- Estoy deseoso de realizar nuevas actividades y las busco.
- Suelo causar una buena impresión.
- Puedo leer las emociones de la gente mirando sus caras.
- Puedo leer las emociones de las personas por el tono de su voz.

- Mis emociones cambian, pero soy consciente de cómo, cuándo y por qué.
- Estar de buen humor estimula mi creatividad.
- Visualizo los resultados de un posible éxito.
- Elogio libremente a los demás.
- Estar emocionado tiende a inspirarme.
- A menudo me retiro de un reto, sabiendo que estoy seguro de que voy a fracasar.
- Disfruto levantando el ánimo de la gente.

A continuación se presentan algunas preguntas del Perfil de Competencia Emocional (PEC), otros buenos ejemplos de preguntas que encontrarás en casi cualquier buen test de Inteligencia Emocional. Responde a estas preguntas con sinceridad para obtener una imagen más clara de tu inteligencia emocional.

- No puedo dominar mis emociones.
- No entiendo por qué suelo responder de forma tan emocional.
- Sé cómo influir en las emociones de la gente si lo necesito.
- Sé cómo llegar al intelecto de las personas si lo necesito.
- Conozco la diferencia entre satisfacción, felicidad y relajación.
- Me siento cómodo describiendo lo que pienso y siento.
- Puedo calmarme después de una erupción emocional o de una experiencia difícil.
- Me cuesta poco animarme a mí mismo.
- Me resulta fácil manejar mis propias emociones.

- Los demás suelen ofenderse por la forma en que expreso las emociones.
- A menudo estoy triste y no sé por qué.

Hay respuestas correctas y respuestas incorrectas, pero no hay puntuación ganadora. Eso lo decidirás tú. Si tienes deficiencias en tu inteligencia emocional, lo sabrás por tus respuestas y sabrás dónde debes trabajar más. ¿Te falta empatía o conciencia de ti mismo? ¿Eres deficiente en motivación? Echa un vistazo a tus respuestas a estas preguntas y lo sabrás.

Ahora que ya conoces más de tu inteligencia emocional, vamos a ver diferentes formas de aumentar esa Inteligencia Emocional.

LAS 20 ESTRATEGIAS IMPRESCINDIBLES QUE PUEDEN POTENCIAR TU INTELIGENCIA EMOCIONAL

Sabemos que la inteligencia emocional, al igual que las habilidades de liderazgo, puede alcanzarse, modificarse y mejorarse. Pero... ¿cómo? He aquí algunos métodos concretos y probados que puedes aplicar para aumentar tu propia inteligencia emocional. Puedes hacerlo sin costo alguno, sin ayuda profesional, y los resultados pueden ser inmediatos.

Ya hemos hablado de entender tus emociones, pero ahora es el momento de ponerles nombre. No basta con tener una rabieta y luego sentirse mal por ello. Para tener el control de tus emociones (necesario para la inteligencia emocional) debes saber qué emociones estás sintiendo para poder manejarlas adecuadamente. ¿Son los celos la raíz de un estallido emocional, o las expectativas frustradas que dan lugar a una decepción? Si son celos, pregúntate de qué estás celoso, cómo te hace ver eso. Pregúntate qué cualidades productivas tienen tus emociones, si es que tienen alguna. Algunas emociones pueden inspirar, otras pueden restar. Nombra estas emociones, entiende qué son y qué las inspira. Entonces podrás aprender a gestionarlas adecuadamente.

Buscar feedback es crucial. Es un hecho que no nos vemos a nosotros mismos como lo hacen los demás, somos demasiado subjetivos con respecto a nuestro propio cuerpo, nuestra habilidad, nuestros talentos. A menudo no tenemos sentido de nuestras propias limitaciones, pero con la misma frecuencia, no tenemos sentido de nuestras cualidades. Por lo general, somos más duros con nosotros mismos que con los demás, una condición que provoca un exceso de pensamiento y un autodiscurso negativo en una mentalidad fija. Por eso es tan importante pedir a los demás sus opiniones más objetivas. Pídeles que sean sinceros y no te ofendas. Estás intentando mejorar y a todos nos vendría bien mejorar en algún aspecto de nuestra vida. Los comentarios podrían ser la clave para descubrir tu verdadera inteligencia emocional.

La lectura sigue siendo la mejor manera de aumentar tu inteligencia emocional. Por supuesto, los libros de autoayuda tienen un valor incalculable (¡consulta nuestra línea completa!) y Kindle hace que la lectura sea más fácil y accesible que nunca. Pero no te detengas solamente en los libros de autoayuda (¡consulta nuestra línea completa!) porque las novelas y la poesía son excelentes maneras de aumentar tu inteligencia emocional. Las obras con mucho romance y que reflexionan sobre las verdades existenciales, excitan el cerebro en estos aspectos emocionales de la vida, haciendo que cualquier persona sea más sensible a estas cosas. Lee cualquier obra del gran poeta romántico John Keats, que reflexionó sobre el amor y la mortalidad durante los tres años en los que enfermó de tuberculosis y luego murió por esa causa, y comprueba si no te sientes de repente más consciente emocionalmente.

Presta atención a tu comportamiento. ¿Te vuelves más emocional y menos disciplinado cuando bebes? Sé consciente de ello y cambia tu comportamiento. Si sabes que una persona es el desencadenante de tus cambios de humor emocional, y sabes que ciertos alcoholes (o cualquiera) tienden a agravar este comportamiento, cambia tu situación. Mantente alejado de eso, renuncia al alcohol o simplemente ejerce cierto autocontrol.

Tómate un momento para cuestionar tus propias opiniones. Este es un ejercicio para un individuo con mentalidad de crecimiento. Es posible que las opiniones evolucionen, puede ser que nunca hayan estado bien fundadas para empezar. Las opiniones son con demasiada frecuencia el resultado de la emoción y no de la razón. Puede ser que las razones o las circunstancias que las rodean hayan cambiado. Revisa tus opiniones para desterrar su causa. Además, cuestionar tus propias opiniones demuestra que estás seguro de tu identidad y tu ética, que sabes que resistirán cualquier escrutinio y que sólo se verán reforzadas por una reconsideración abierta.

Reserva tiempo para disfrutar de los aspectos positivos de la vida. Es estupendo aprender del pasado y trabajar por un futuro mejor, pero con demasiada frecuencia descuidamos el presente. Los resultados positivos de los miembros del equipo no deben pasarse por alto, ni tampoco un día cálido y soleado. Las personas emocionalmente inteligentes son sensibles a la energía positiva y conocen el valor de celebrarla. Así que asegúrate de no pasar por alto los elementos positivos de tu proyecto, tu equipo, tu familia, tus amigos y tu vida.

Al mismo tiempo, no quieras ignorar lo negativo. Si hay que hacer correcciones, pueden hacerse con amabilidad y consideración y serán tanto más eficaces por ese esfuerzo. Pero ignorar los malos resultados o el mal comportamiento, es garantizar que continúen, y eso no es un verdadero liderazgo, es un liderazgo sólo de nombre.

Tómate deliberadamente un tiempo para relajarte. Puedes meditar, algo que muchos hacen como técnica de relajación. Puedes disfrutar de una taza de café o té caliente en algún momento del día, pero asegúrate de hacerlo. Evita el agotamiento y date tiempo para reflexionar, recapacitar, reunir tus energías físicas e intelectuales para las tareas que vienen. Hazlo durante diez minutos, siempre que te encuentres más estresado. En el lugar de trabajo, suele ser a última hora de la mañana, después de un ajetreo de asuntos necesarios, o a última hora de la tarde, cuando se acerca el final de la jornada laboral. En el caso de las familias, hay que estar atento a estos momentos de tensión a primera hora de la mañana, antes de ir al colegio, y a las horas que transcurren durante o después de la cena. Estos son los momentos en los que una pausa de relajación, puede ser más valiosa.

En esta línea, levántate y estírate al menos una vez al día. Inclínate hacia atrás, levanta los brazos y estira los músculos durante unos diez segundos. Esta acción física de relajación proactiva, tiene efectos notables en el cerebro. Pruébalo por ti mismo.

Mientras pruebas cosas nuevas, intenta verte a ti mismo de forma objetiva. No será fácil, como ya hemos comentado. El trastorno de dismorfia corporal y la dismorfia corporal inversa son sólo dos formas en las que tendemos a distorsionar nuestra visión de nosotros mismos. El narcisismo, los delirios de grandeza, el complejo de Dios, la anorexia, la bulimia y una serie de otras condiciones y trastornos perjudiciales están asociados a nuestra incapacidad de ser objetivos con respecto a nosotros mismos.

Sin embargo, tienes que intentar verte a ti mismo como lo hacen los demás. Tienes defectos, conócelos. Los demás los tienen. Tienes cualidades de carácter, y debes conocerlas también. Y no se trata sólo de qué, sino de cuánto. Puedes tener algo de talento en una cosa, más talento para otra, pero no tanto como otra persona tendría. Conoce tus limitaciones. Conoce tus hábitos e inclinaciones. Conoce qué situaciones y qué personas y cosas desencadenan qué emociones y utiliza ese conocimiento para manipularte a ti mismo o a tus circunstancias, como acabamos de comentar.

Llevar un diario, es un paso concreto que puedes dar para aumentar tu inteligencia emocional. Te ayudará a ser más objetivo sobre ti mismo, porque externaliza tus pensamientos y emociones reales. También es una forma de expresarte sobre ti mismo, lo cual es clave para la inteligencia emocional.

Practica el mirar hacia delante para saber cómo te sentirás más tarde, en un futuro próximo. Utiliza la popular técnica del sí/entonces para preguntarte algo como: *"Si bebo cuando esta persona está cerca, ¿cómo me voy a sentir? Si me siento mal, entonces ¿cómo me voy a comportar?"*. Si eres sincero contigo mismo, sabrás cómo modificar tu comportamiento para gestionar mejor tus emociones.

Acostúmbrate a prestar atención a tu intuición. Mucha gente ignora esto, en detrimento propio. Pensar demasiado tiende a ahogar la voz de la intuición. Pero la intuición nace del instinto, y eso puede ser a menudo más fiable y preciso que una posición excesivamente racionalizada de parálisis por análisis.

Si aún no tienes una agenda semanal o diaria, crea una. La organización es fundamental para la inteligencia emocional y todo lo que conlleva ser un verdadero líder. Pero antes de poder gestionar un equipo, tienes que ser capaz de gestionarte a ti mismo. También querrás animar a los miembros de tu equipo (o a los de tu familia) a mantener un horario estricto, pero para ello es necesario que prediques con el ejemplo.

Mantén un estilo de vida saludable (o comienza a hacerlo). El abuso de sustancias y la malnutrición, tienen todo tipo de efectos nocivos en la función cerebral, y ésta es la base de la inteligencia emocional. La falta de sueño también es perjudicial para la inteligencia emocional y al verdadero liderazgo.

Genera confianza. Si te ganas la confianza haciendo una cosa (pagando una deuda, por ejemplo), esa confianza se trasladará probablemente a otros aspectos de esa relación. Cuando las personas que te rodean saben que pueden confiar en tu inteligencia emocional, seguramente se abrirán más a menudo y con más profundidad, creando un clima más saludable. Sin confianza, ninguna organización puede prosperar realmente. El estrés, la ansiedad, la dualidad y las artimañas que engendra la falta de confianza pueden ser paralizantes para cualquier proyecto, equipo, empresa o familia.

Ejerce la autodisciplina. No estás sujeto a tus emociones, ellas están sujetas a ti. No te dejes llevar por ellas y estalles en una rabieta. Busca otra cosa que hacer, si es necesario. ¿Te sientes obligado a explotar? Vete a la habitación y dale un puñetazo a la almohada, es un truco probado que a mucha gente le resulta cómodo y eficaz.

Fija algunos objetivos personales. Esta es una forma estupenda de mantener la mente alerta y funcionando a un alto nivel. Se trata de una serie de retos que te llevarán a la satisfacción y a la consecución de logros. Casi no importa cuáles sean esos objetivos; limpiar el armario, repintar el dormitorio, dejar de fumar, arreglar la valla del patio trasero, resolver el problema de impuestos atrasados. Sea lo que sea, hazlo. Sé proactivo y orientado a los objetivos.

Haz algún tipo de voluntariado. Es como un entrenamiento en el trabajo para la inteligencia emocional, incluyendo muchos de sus pilares (especialmente la empatía). Es una buena forma de pasar tiempo extra, ampliará tu círculo social, te ofrece satisfacción personal, autodisciplina y autoconciencia.

Asegúrate de ser accesible. Un verdadero líder con inteligencia emocional sabe que una comunicación abierta y clara es la clave del éxito de un proyecto, equipo u organización. Y es de esperar que hayas adoptado un estilo de liderazgo que te lleve a interactuar con el equipo. Pero no quieres ser intimidante con tu equipo, ni quieres que ellos se sientan intimidados. Quieres que sientan que pueden dirigirse a ti con preguntas o inquietudes. Hazlo siendo amable sin ser débil, demuestra preocupación por los demás, casi todos los principios que hemos tratado en este libro hasta ahora. Pero aplícalos deliberadamente, de forma comedida. Dominar la aplicación de estos principios es la clave para ser un verdadero líder con una gran inteligencia emocional.

Ya hemos hablado de la perspectiva, pero vale la pena repetirlo aquí. La inteligencia emocional requiere ser capaz de ver el mundo desde la perspectiva de otra persona. Sin eso, serías un ignorante emocional.

No tengas miedo de compartir tus propias experiencias. Si alguien se abre a ti con una crisis emocional, considera compartir algo personal con él o ella. Esto permitirá a la otra persona saber que entiendes su perspectiva y la compartes, que eres empático, que harás lo que puedas por ella, como lo harías por ti mismo.

Otro paso concreto que puedes dar para aumentar tu inteligencia emocional, es sumergirte en una nueva cultura. Viaja, observa cómo viven otras personas. Te sorprenderá la cantidad de sufrimiento que hay en el mundo, tanto como para inspirar gratitud y empatía. Es una gran manera de refrescar tu perspectiva, de aprender a ver la vida a través de los ojos de otra persona. Si no puedes viajar, considera la posibilidad de elegir una cultura y hacer un proyecto a partir de ella. Lee algunos libros, tanto de ficción como de no ficción, mira algunos vídeos, piensa en aprender al menos algo del idioma. Hay una gran sabiduría en la mayoría de las tradiciones culturales del mundo y, como eres una persona con mentalidad de crecimiento, sabes el valor de aprender y crecer en tu viaje de autorrealización.

Otro buen ejercicio es encontrar a alguien y dar rienda suelta a tu curiosidad sobre él. Llama a un viejo amigo y pregúntale sobre su vida, lo que ha estado haciendo, pensando y sintiendo. No hables de ti hasta que ellos te insistan. Es un ejercicio para poner el foco en otra persona. Y es una forma estupenda de mantener viva la amistad (lo que debe hacerse de forma proactiva).

Ejerce la autodisciplina. No estás sujeto a tus emociones, ellas están sujetas a ti. No te dejes llevar por ellas y estalles en una rabieta. Busca otra cosa que hacer, si es necesario. ¿Te sientes obligado a explotar? Vete a la habitación y dale un puñetazo a la almohada, es un truco probado que a mucha gente le resulta cómodo y eficaz.

Fija algunos objetivos personales. Esta es una forma estupenda de mantener la mente alerta y funcionando a un alto nivel. Se trata de una serie de retos que te llevarán a la satisfacción y al logro. Casi no importa cuáles sean esos objetivos; limpiar el armario, repintar el dormitorio, dejar de fumar, arreglar la valla del patio trasero, resolver el problema de los impuestos de la espalda. Sea lo que sea, hazlo. Sé proactivo y orientado a los objetivos.

Haz algún tipo de voluntariado. Es como un entrenamiento en el trabajo para la inteligencia emocional, incluyendo muchos de los pilares (especialmente la empatía). Es una buena forma de pasar tiempo extra, ampliará tu círculo social, ofrece satisfacción personal, autodisciplina y autoconciencia.

Asegúrate de ser accesible. Un verdadero líder con inteligencia emocional sabe que una comunicación abierta y clara es la clave del éxito de un proyecto, equipo u organización. Y es de esperar que haya adoptado un estilo de liderazgo que le lleve a interactuar con el equipo. Pero no quiere ser intimidante con su equipo, ni quiere que ellos se sientan intimidados. Quiere que sientan que pueden dirigirse a usted con preguntas o preocupaciones. Hazlo siendo amable sin ser débil, demuestra preocupación por los demás, casi todo lo que hemos tratado en este libro hasta ahora. Pero aplícalos deliberadamente, de forma comedida. Dominar la aplicación de estos principios es la clave para ser un verdadero líder con una gran inteligencia emocional.

Ya hemos hablado de la perspectiva, pero vale la pena repetirlo aquí. La inteligencia emocional requiere ser capaz de ver el mundo desde la perspectiva de otra persona. Sin eso, tienes ignorancia emocional.

No tengas miedo de compartir tus propias experiencias. Si alguien se abre a ti con una crisis emocional, considera compartir una de las tuyas. Esto permite a la otra persona saber que entiendes su perspectiva y la compartes, que eres empático, que harás lo que puedas por ella como lo harías por ti mismo.

Otro paso concreto que puedes dar para aumentar tu inteligencia emocional es sumergirte en una nueva cultura. Viaja, observa cómo viven otras personas. Te sorprenderá la cantidad de sufrimiento que hay en el mundo, tanto como para inspirar gratitud y empatía. Es una gran manera de refrescar tu perspectiva, de aprender a ver la vida a través de los ojos de otra persona. Si no puedes viajar, considera la posibilidad de elegir una cultura y hacer un proyecto a partir de ella. Lee algunos libros, tanto de ficción como de no ficción, mira algunos vídeos, piensa en aprender al menos algo del idioma. Hay una gran sabiduría en la mayoría de las tradiciones culturales del mundo y, como persona con mentalidad de crecimiento, sabes el valor de aprender y crecer en tu viaje de autorrealización.

Otro buen ejercicio es encontrar a alguien y dar rienda suelta a tu curiosidad sobre él. Llama a un viejo amigo y pregúntale sobre su vida, lo que ha estado haciendo, pensando y sintiendo. No hables de ti hasta que ellos insistan. Es un ejercicio para poner el foco en otra persona. Y es una forma estupenda de mantener viva la amistad (que debe hacerse de forma proactiva).

Un ejercicio invaluable para desarrollar o perfeccionar tu inteligencia emocional es desconectarte de las redes sociales por un tiempo. Lamentablemente, este medio cada vez más omnipresente solo ha atrofiado nuestra inteligencia emocional, debido al aislamiento y la falta de interacción personal. Por lo tanto, no le envíes un mensaje a tu viejo amigo por Facebook, si puedes, reúnete para almorzar con él. No hay sustituto para la interacción personal en lo que respecta a la inteligencia emocional.

Es posible que desees abrirte un poco más a situaciones nuevas. Un bar, un festival de algún tipo, cualquier cosa que te ponga en contacto con gente nueva. Luego demuestra curiosidad por ellos. Podrás ver cómo estas técnicas funcionan juntas para lograr un efecto aún mayor.

QUÉ NO HACER

No te pongas dramático. La inteligencia emocional genera paciencia, consideración, razón, no un arrebato emocional. Se racional, no dramático.

No te quejes. Te pone en una posición de víctima, no de líder. En cambio, concéntrate en una solución al problema.

No seas negativo. Los verdaderos líderes y los emocionalmente inteligentes, son positivos en su perspectiva y comportamiento.

No te detengas en el pasado. El pasado no se puede cambiar y el futuro no se puede conocer. Pensar demasiado es el hábito destructivo de centrarse en el pasado (lo que podría haberse dicho o hecho) o el futuro (lo que puede o no suceder) en detrimento del presente (lo que podría estar sucediendo ahora). Por lo tanto, deja ir las viejas heridas, rencores, sentimientos de resentimiento o traición. Esas emociones son tóxicas y pueden conducir a todo tipo de enfermedades físicas y psicológicas.

No cedas a la presión de tus compañeros. Suena extraño sacar eso del contexto de la escuela secundaria, pero es un problema que persiste en la edad adulta para mucha gente. Pero los verdaderos líderes y aquellos con inteligencia emocional, saben quiénes son y cuáles son sus estándares éticos, y esas son las influencias que prevalecen, no las tendencias o modas.

Se consciente de tu vocabulario. Las palabras tienen significado. Asegúrate de utilizar las palabras precisas, renunciando a la hipérbole. No utilices improperios o insultos raciales. Actúa con dignidad en todo momento, se confiable y demuestra integridad. Es importante lo que dices, pero más importante es cómo lo dices. Enuncia, no arrastres las palabras. No hagas muecas para dar un subtexto a ciertas palabras. Tu intención siempre debe ser clara, así que primero tú debes tenerla clara. Tu forma de hablar dice mucho.

Responde, no reacciones. Las respuestas son intelectuales, basadas en la razón y la consideración. Las reacciones, en cambio, son generalmente comportamientos más emocionales, estas deben evitarse. Al menos, uno debe actuar con deliberación y no reaccionar sin ella. Pero a menudo, la reacción no es necesaria, simplemente una respuesta racional y mesurada. Pero responde, es parte de una comunicación clara y efectiva y es responsabilidad del líder comunicarse con sus clientes y / o su equipo.

Entonces, no solo se puede aumentar la inteligencia emocional, sino que estas son algunas formas seguras de hacerlo. Pero ¿qué pasa con la empatía? Puedes refinar lo que piensas y cómo te comportas, pero ¿puedes controlar lo que sientes? ¡Vamos a averiguarlo!

5

VE MÁS ALLÁ DE LA SIMPATÍA

CUANDO LA SIMPATÍA NO ES SUFICIENTE

¿**Simpatía o Empatía?**

Ambos terminan con el sufijo *–patía,* que se traduce del griego antiguo como *sentimientos* o *emoción. Sufrimiento* y *Calamidad* también se asocian a la traducción.

Simpatía se traduce más o menos como *con sentimiento.* Se utiliza mejor para describir la forma en que compartimos los sentimientos de otra persona. Podemos relacionarnos con esos sentimientos, ya sean buenos o malos.

Pero cuando realmente sentimos esos sentimientos, estamos experimentando *empatía,* que significa algo así como *pasión por la emoción o los sentimientos.* Una persona empática, puede sentir las emociones no sólo de una persona cercana, sino de un artista o dramaturgo fallecido hace tiempo o los sentimientos de un sujeto en una pintura o fotografía.

De las dos, la empatía es la clave de la inteligencia emocional. La simpatía se queda corta porque es una respuesta racional, no una reacción emocional. Ahora que tenemos clara la definición de empatía (y simpatía), vamos a profundizar en el concepto de empatía. Implica muchas más cosas de las que te imaginas.

ELEMENTOS DE LA EMPATÍA

En primer lugar, repasemos los elementos de la empatía, muchos de los cuales ya hemos tocado al relacionar la empatía con la inteligencia emocional y el verdadero liderazgo.

Entender a los demás es clave, conocer sus posiciones emocionales y racionales, conocer sus fortalezas y sus debilidades, conocer sus tipos de personalidad y saber qué estilo de dirección será más eficaz para gestionar cada tipo de personalidad.

Entender a los demás es un sello de empatía, el deseo de tranquilizar y reconstruir, de ayudar a los demás tanto como a uno mismo. Esto incluye la orientación, la tutoría, la oferta de incentivos y las recompensas por los logros.

Tener una orientación al servicio es fundamental. Siempre hay que tener en cuenta que los esfuerzos de cualquier líder estarán dirigidos hacia alguna causa superior, y en el mundo moderno eso está orientado básicamente al servicio competente. Un gerente es responsable ante sus supervisores. El equipo del líder es responsable ante el líder.

Los esfuerzos de todos están al servicio del proyecto, del cliente. Este enfoque es como ir más allá y es probable que generes respeto y admiración profesional.

La empatía aprovecha la diversidad. Recuérdalo. Aprovechar es ser ágil en tus interacciones. Sin violar tu integridad, cambiarás un poco tu comportamiento con tu propio supervisor, en comparación con la forma en que te comportarás con tu equipo. El gerente es la figura de autoridad en una circunstancia, pero no en la otra. Y el verdadero líder y la persona emocionalmente inteligente saben, que diferentes situaciones requieren respuestas diferentes y calibradas, al igual que diferentes personas requieren y reaccionan mejor, a diferentes estilos de liderazgo. Así pues, la diversidad es una oportunidad para el verdadero líder emocionalmente inteligente.

La conciencia política también es clave para la empatía. Si eres capaz de sentir algo por la persona del otro lado del pasillo, especialmente en esta época, entonces estás practicando realmente la empatía. ¡Me quito el sombrero!

TIPOS DE EMPATÍA

Más allá de los elementos de la empatía, los psicólogos identifican distintos tipos de empatía.

En la empatía cognitiva, puedes entender las emociones y los pensamientos de alguien, pero esa comprensión es más racional que emocional. Se parece mucho a la simple simpatía. La empatía emocional, es lo que consideramos como empatía en general, aunque también se conoce como contagio emocional. Está relacionada con sentir realmente los mismos sentimientos que el otro sujeto, como si el sentimiento fuera contagioso.

Tanto la empatía cognitiva como la emocional, pueden conducir a la empatía compasiva, que va más allá de la comprensión o el compartir y pasa a la acción para ayudar o revertir el sufrimiento de la otra persona.

La empatía afectiva, implica comprender las emociones del otro y responder adecuadamente. Es la piedra angular de la inteligencia emocional.

La empatía somática es aún más profunda, pues implica una reacción física. Cuando una persona se avergüenza y otra se sonroja, eso es empatía somática.

Intentemos otra prueba. Responde sí o no o en una escala del uno al cinco, siendo el uno lo más cercano al no y el cinco lo más cercano al sí. Averigüemos qué grado de empatía tienes. Algunas pueden parecerte familiares, y no es una coincidencia.

- La gente suele contarme sus problemas, confían en mí.
- Soy bastante bueno en captar cómo se siente la gente.
- Suelo tener en cuenta cómo se sienten los demás.
- La gente suele acudir a mí en busca de consejos.
- A veces me siento abrumado por los acontecimientos de las noticias o por las situaciones sociales.
- Intento ayudar a los que pueden estar sufriendo.
- Se me da bien leer la honestidad de la gente.
- Me preocupo mucho por los demás.

- Me cuesta poner límites en mis relaciones.

La capacidad de empatizar parece ser otro caso de naturaleza versus crianza. Y, como hemos visto, el verdadero análisis es que ambos factores contribuyen. Algunas personas son más propensas a la emoción, otras a la razón. Para ambos, la experiencia de la vida pasa factura y crea la suma total, una persona propensa a la empatía o no propensa a ella.

En el nivel más básico, parece que hay dos factores principales que contribuyen a la capacidad de experimentar empatía: la genética y la socialización. Esencialmente, se reduce a las antiguas contribuciones relativas de la naturaleza y la crianza. La crianza tiene una influencia tan grande como la genética en lo que respecta a la empatía.

BARRERAS A LA EMPATÍA

Sin embargo, hay cosas que impiden el desarrollo adecuado de la empatía. Si bien puede aprenderse, puede que no sea así y he aquí el motivo.

Los sesgos cognitivos, pueden incluir la culpabilización de los demás por características internas, mientras se consideran víctimas de factores externos. Esta distorsión de la perspectiva puede ser un error crucial.

La deshumanización, se refiere a la tendencia a dejar que las diferencias de cultura, conduzcan a una visión reductora de una persona o cultura. El trato a los judíos en la Europa de mediados de siglo pasado es un ejemplo.

En la culpabilización de la víctima, ésta puede ser considerada responsable del delito, como en el caso de una víctima de violación que, según algunos, se vestía de forma demasiado seductora por lo tanto, se lo había buscado. Pero nadie se cree eso.

EXPLICACIONES NEUROCIENTÍFICAS Y PROSOCIALES

Aunque la empatía puede aprenderse, gran parte de ella parece fisiológica y tiene sus raíces en el cerebro. Los investigadores creen que la ínsula anterior y la corteza cingulada anterior, desempeñan un papel importante en las reacciones empáticas. Hay componentes neurobiológicos probados, neuronas espejo que imitan las respuestas emocionales, para la emoción de la empatía.

También hay investigaciones de resonancia magnética funcional que indican que la circunvolución frontal inferior (IFG), también una parte del cerebro, puede desempeñar un papel vital en la experiencia de la empatía. Los estudios demuestran que los daños cerebrales pueden afectar a la expresión emocional.

El sociólogo Herbert Spencer sugirió que la empatía está programada en nuestro cerebro como una forma de asegurar la supervivencia social, que sin ella seríamos menos unidos y menos sociales, y por tanto, menos aptos para sobrevivir. La historia de la raza humana es la historia de la civilización, después de todo. El heroísmo y el altruismo también están asociados a la empatía.

DESARROLLA LA EMPATÍA HACIA OTRAS PERSONAS, AUNQUE NO LAS CONOZCAS PERSONALMENTE

La empatía no debería reservarse para los amigos o los niños en los anuncios comerciales nocturnos para solicitar una donación impulsiva. De hecho, la empatía será beneficiosa para casi cualquier persona en su vida, ya que la empatía afecta a todos los estratos de tu vida. Los más afectados por tu empatía serán tus colegas y socios comerciales, tus compañeros de trabajo y los grupos comunitarios, tus amigos, tu familia y tus relaciones románticas e íntimas.

Los famosos investigadores de psicología social Hodges y Myers, han descrito la empatía emocional, dividiéndola en tres partes. Estas serían: compartir la emoción sentida por el sujeto como hemos descrito, sentir angustia personal en respuesta a ese dolor compartido y sentir compasión por la persona que sufre el dolor original.

Intenta asistir a la iglesia o culto religioso de otra persona. Es una buena forma práctica de ver una experiencia compartida, a través de los ojos de otra persona.

¿DEMASIADA EMPATÍA?

¿Es posible tener demasiada empatía? Seguramente, no se puede tener empatía por todo el mundo todo el tiempo, ya que eso agotaría demasiado los recursos de cualquier individuo. Hacer que el cuerpo soporte ese tipo de sensación constante, le robaría valiosas proteínas y otros recursos fisiológicos necesarios para la supervivencia.

Sin embargo, la tendencia es demasiado real. A veces nos preocupamos mucho por algo que nos importa demasiado. Esto puede ahogar la propia empatía por una cuestión de simple autoconservación. Esos instintos de supervivencia, son más fuertes incluso que nuestra tendencia a pensar demasiado.

Un desequilibrio de la empatía, o una tendencia hacia la simpatía y lejos de la empatía, puede ser problemático. Es la diferencia entre un líder sólo de nombre y un verdadero líder.

DESARROLLO DE LA EMPATÍA: 5 ETAPAS Y 5 FACTORES

Las etapas del desarrollo de la empatía incluyen a los recién nacidos, los bebés, los niños pequeños, la primera infancia, la mediana infancia a la edad adulta. Veamos ambas con más detalle.

Los recién nacidos, son propensos a mostrar signos de angustia cuando otros recién nacidos lo hacen. Si uno llora, todos lloran. Es lo que se llama llanto reflejo o, a veces, contagio emocional, que ya hemos analizado brevemente. Es un signo de empatía innata.

Los bebés, suelen tener problemas para regular sus emociones o gestionar las de los demás, aunque a menudo muestran una gran preocupación por los demás. Los niños pequeños (de 14 a 36 meses) empiezan a manifestar empatía en comportamientos como pedir disculpas. Esta es también una fase de crecimiento muy emulativa, en la que los niños pequeños experimentan con diferentes modos de comportamiento, basados en gran medida en las influencias de los padres o de los medios de comunicación. Los juegos de fantasía son habituales en esta etapa del desarrollo.

En la primera infancia, los niños experimentan los estados emocionales de los demás y también imaginan sus experiencias. Es entonces cuando, según *la teoría de la mente*, los niños llegan a comprenderse a sí mismos en el contexto de otras personas y de la sociedad en general. También entran en contacto con sus emociones, pensamientos, deseos y anhelos.

A partir de la mediana infancia y hasta la edad adulta, la empatía se desarrolla significativamente (o no lo hace). La toma de perspectiva y la preocupación empática se desarrollan significativamente en esta última y más larga etapa de este ciclo.

El temperamento es también una parte importante de la propensión a la empatía de cualquier persona. Los niños tímidos o temerosos, parecen menos propensos a tener un comportamiento empático, por ejemplo.

La crianza de los hijos es siempre una influencia importante en el desarrollo de la infancia, pero los investigadores han encontrado un claro vínculo entre padres empáticos e hijos empáticos. Esto, al igual que las habilidades de liderazgo y otras cosas que se tratan en este libro, es un conjunto de habilidades aprendidas. La mayoría de las cosas que los niños aprenden hasta los siete años, provienen de sus padres.

6

LA REGULACIÓN DE LAS EMOCIONES ES UNA DE LAS HABILIDADES MÁS IMPORTANTES QUE PUEDES DESARROLLAR

La regulación emocional, ya sea automática o controlada o consciente o inconsciente, es el control de las propias emociones. Esto incluye las emociones positivas y negativas.

La regulación emocional, suele incluir tres componentes distintos: permitir acciones desencadenadas por las emociones, inhibir acciones desencadenadas por las emociones y modular las respuestas desencadenadas por las emociones.

La regulación emocional es una especie de filtro para separar la información importante. En general, las personas con mayor control emocional o inteligencia emocional, tienen una mejor gestión de la depresión. Las que carecen de habilidades significativas de regulación emocional sufren cambios de humor y otros comportamientos perjudiciales.

Se ha demostrado que la regulación emocional retrasa la respuesta de pánico de lucha o huida. Da tiempo a que prevalezca la razón.

3 TIPOS DE FUNCIONES

La regulación emocional es importante porque sin ella carecemos de funcionamiento cerebral. Hay tres tipos de funciones:

1. Emocional
2. Social
3. Ejecutiva

La función emocional, está relacionada con la forma de interiorizar las emociones. La función social, está relacionada con la forma de expresar las propias emociones e interpretar las de los demás. La función ejecutiva, permite un comportamiento orientado a los objetivos, incluyendo la planificación y la ejecución.

Las dos primeras son fáciles de entender, pero ¿qué es exactamente la función ejecutiva? He aquí algunas características de la funcionalidad ejecutiva.

- La flexibilidad ha aparecido mucho en este libro y con razón. Es fundamental para las funciones de todo tipo, el verdadero liderazgo y la inteligencia emocional también.
- La función ejecutiva, está relacionada con la teoría de la mente, o la comprensión de las perspectivas de otras personas.

- La anticipación es el resultado de reconocer patrones recurrentes en los acontecimientos.

- La resolución de problemas es crucial para la función ejecutiva, al igual que la toma de decisiones.

- La memoria a corto y largo plazo son los pilares de la función ejecutiva.

- La secuenciación es la práctica de dividir las tareas complejas en unidades más pequeñas y manejables, y luego priorizarlas en el orden correcto. Esta habilidad es fundamental para la función ejecutiva.

LAS 6 HABILIDADES DE REGULACIÓN EMOCIONAL MÁS ÚTILES PARA LOS ADULTOS

Como hemos visto, la autorregulación es el arte de hacer una pausa entre la emoción y la reacción. Sabemos que las emociones reaccionan y el intelecto responde, así que la idea es frenar entre la emoción y la reacción, insertar algo de intelecto en el proceso para crear una respuesta en lugar de una reacción.

Pero también está la noción de compromiso con el valor. La reacción impulsiva puede alejarnos de nuestros valores fundamentales. En el calor del momento, podemos incluso actuar de forma contraria a esos valores. La regulación emocional da tiempo a reconsiderar esos valores fundamentales y, por tanto, a ceñirnos más a ellos en nuestro comportamiento.

El mismo conjunto de habilidades que permite la regulación emocional, también está en juego en el perfeccionamiento de la inteligencia emocional y también en las habilidades de liderazgo. La principal habilidad de liderazgo es la autorregulación. Conoce lo que sientes y domínalo desde adentro. Pon nombre a tus emociones y trátalas de la forma adecuada.

Practicar la conciencia plena no sólo te ayudará a regularte emocionalmente, sino que es una poderosa herramienta para mejorar tu inteligencia emocional. La conciencia plena, es justo lo que parece, un sentido deliberado de asombro sobre el mundo, sobre ti mismo, sobre los demás, sobre todo. Se trata de utilizar esa perspectiva positiva y optimista y la gratitud de la que hablábamos antes, y ser consciente de las cosas positivas que te rodean; un día soleado, una chica guapa, un sabroso sándwich. Es una perspectiva de parar y oler las rosas, que seguramente te ayudará a regular tus emociones, a ser más inteligente emocionalmente y a ser un verdadero líder.

Cuando alteras tu forma de pensar, eso es la reevaluación cognitiva, es un pilar de la inteligencia emocional y la regulación emocional. También es fundamental para varias técnicas de terapia mental, incluido el control de la ira. La inversión de roles en situaciones y la sustitución de pensamientos son ejercicios comunes de reevaluación cognitiva.

La adaptabilidad es clave para la regulación emocional. Sin regulación emocional, la flexibilidad y la adaptabilidad se ven obstaculizadas y los cambios se convierten en crisis.

La autocompasión también es crucial para la regulación emocional. A menudo descuidada en varias facetas de la vida y por diversas razones, la autocompasión es el paralelo a la compasión por los demás. Es una piedra angular de la empatía, aunque la mayoría de la gente no se da cuenta. Algunos incluso sienten que deben sufrir para que otros puedan prosperar, es el llamado complejo de mártir. Pero ese complejo no es propio de un verdadero líder emocionalmente inteligente.

Algunos ejercicios populares de autocompasión incluyen llevar un diario de gratitud. Cada día, escribe las cosas por las que estás agradecido. No es complicado, escribir las cosas les da poder y permanencia. Las saca del éter y las hace concretas. Escribirlas y luego leerlas las exterioriza y les da vida propia.

Las autoafirmaciones positivas son habituales en quienes practican deliberadamente la autocompasión. Incluso pueden dirigirse a sí mismos frente a un espejo. El personaje de Saturday Night Live, Stewart Smalley (Al Franken) practicaba las autoafirmaciones de esta manera con un efecto hilarante ("Soy inteligente, soy digno, soy como un cachorro, ¡le gusto a la gente!"), pero es una herramienta poderosa para mucha gente.

El control de la respiración y la relajación, también son habituales para quienes practican la regulación emocional. Te da tiempo para razonar y responder en lugar de sólo reaccionar. La meditación, también es popular entre quienes pueden regular sus propias emociones. Meditar significa simplemente concentrarse en una cosa determinada, a menudo la propia respiración, excluyendo todo lo demás. Algunos se concentran en un mantra, o en una palabra o frase repetida. Algunos se concentran en un punto focal visual, como una grieta en la pared. Algunos meditan durante cinco minutos al día, otros durante una hora o más.

El apoyo emocional, es una parte importante de la regulación emocional, y eso tiene mucho sentido. Dar apoyo emocional a los demás, sólo puede reforzar tu sentido de la empatía, y ese aumento de la inteligencia emocional, te permitirá mejorar también tu autoempatía. Esto contribuye al desarrollo de tu inteligencia emocional, y por lo tanto, contribuye a la regulación emocional. Todo ello funciona conjuntamente.

ESTRATEGIAS CIENTÍFICAS PARA LA REGULACIÓN DE LAS EMOCIONES

La reevaluación cognitiva es un enfoque a largo plazo de la confusión o angustia emocional. No se trata de reprimir las emociones negativas, sino de eliminarlas. Con la reevaluación cognitiva, uno acepta la emoción negativa para entender qué la ha creado. La reevaluación cognitiva ve la emoción como un síntoma de procesos cognitivos más profundos y se centra en ellos para corregir la respuesta emocional negativa.

Autocalmarse, reduce los efectos de la tristeza, la ira y la agonía provocados por las experiencias negativas. Es lo contrario de la autoconfrontación. Es como utilizar una autoconversación positiva en lugar de la más común autoconversación negativa. La meditación es un método popular para autocalmarse, al igual que la masturbación. Sin embargo, la mayoría de las personas se limitan a realizar ejercicios de respiración y, tal vez, terapia de reminiscencia cuando están en el trabajo. Otros disfrutan de un masaje, un baño caliente o se entregan a una afición.

El control atencional, es un pilar de la regulación emocional. Tras una reevaluación, el control atencional es una forma disciplinada de ver las cosas desde una nueva perspectiva. ¿De qué sirve una reevaluación si careces de la disciplina necesaria para ajustar tu punto de vista? Si no puedes cambiar tu perspectiva, ¿por qué reevaluar?

Por desgracia, algunas personas no consiguen hacer estas cosas y no pueden regular sus propias emociones. Se dice que estas personas sufren un trastorno de regulación emocional, también conocido como desregulación emocional (DE). Entre los síntomas más comunes se encuentran los arrebatos de ira repentinos, inexplicables e inapropiados, los rasgos o prácticas pasivo-agresivas, el dolor o las enfermedades crónicas inexplicables, el comportamiento autodestructivo, la inhibición de la interacción social o profesional y la incapacidad para concentrarse.

El escaso autocontrol y la hipersensibilidad también son habituales en quienes carecen de regulación emocional. También son comunes los cambios de humor en extremo, así como la depresión, el estrés, la ansiedad y la irritabilidad.

Los psicólogos suelen preferir manejar la Desregulación Emocional con terapia dialéctica conductual (TDC), a menudo combinada con otras estrategias cognitivas. El pronóstico del tratamiento es generalmente bueno. El comportamiento puede corregirse y se pueden aprender nuevos comportamientos para sustituir a los antiguos.

FOMENTAR LA REGULACIÓN EMOCIONAL EN LOS NIÑOS

La regulación emocional es crucial para el correcto desarrollo de la infancia. ¿Pero cómo enseñamos a nuestros hijos a hacer lo que muchos adultos no pueden? En realidad es más fácil, porque los niños son más flexibles y aprenden más rápidamente que los adultos, y carecen de los comportamientos y perspectivas impresos, que pueden inhibir el crecimiento en los adultos.

En primer lugar, modela el comportamiento que deseas que el niño emule. Como en todas las cosas y especialmente en la crianza de los hijos, debes predicar con el ejemplo. Es la mejor manera de liderar y la mejor manera de vivir. También es la forma más eficaz de enseñar.

Puedes retrasar deliberadamente el tiempo de respuesta con los niños. Si están enfadados, guíalos para crear un momento de autocompasión, un momento para crear una respuesta intelectual que sustituya su reacción emocional. Tuviste que hacerlo deliberadamente por ti mismo, y probablemente tendrás que ser tú quien lo haga por tu hijo, que probablemente carecerá de la autoconciencia y la autodisciplina para hacerlo. Hazlo con ellos y eso les enseñará a hacerlo por sí mismos más adelante. Es un regalo que les das para toda la vida.

Concéntrate en el vocabulario emocional del niño. Los niños suelen ser incapaces de articular sus sentimientos, al igual que los adultos. Tú te has esforzado por identificar tus emociones para entenderlas mejor. Haz lo mismo con tu hijo, y así le enseñarás a hacerlo por sí mismo más adelante.

Incluso puedes hacer una tabla con cada emoción junto con una expresión facial que la acompañe. Esto ayudará a tu hijo a visualizar y también a separarse de sus emociones. Además, es una actividad divertida y creativa que les proporcionará a ti y a su hijo un tiempo juntos, un objetivo compartido y la satisfacción de conseguirlo.

Enseña a tus hijos que las acciones tienen consecuencias. Esto es clave para la regulación emocional, porque las consecuencias de muchas acciones son respuestas emocionales. Por ejemplo, un insulto puede provocar sentimientos heridos. Asegúrate de que tus hijos se dan cuenta de que si le pegan a otro niño, éste puede llorar y con razón. Esto puede crear sentimientos de vergüenza y culpa y dará lugar a un castigo.

Haz que tus hijos sean conscientes de cosas como el estrés, la tristeza o la ansiedad. Esto les instruirá en cuanto a la creación de esos sentimientos en los demás, y eso les ayudará a guiarles en la regulación de su propio comportamiento. Al fin y al cabo, son consecuencias que pueden derivarse de las acciones de tu hijo.

Por supuesto, las cosas con tus hijos pueden complicarse más de lo que esperas (a menudo lo hacen). Los niños de distintas edades reaccionan de manera diferente a las crisis percibidas. Los niños pequeños, que carecen de inteligencia emocional, pueden tener rabietas (también los adultos que carecen de la misma Inteligencia Emocional). Si estas rabietas se prolongan más allá de los cuatro años, si se vuelven violentas o si ocurren con frecuencia y duran más de 15 minutos, tienes un problema de comportamiento entre manos. Las rabietas también pueden ser síntoma de una enfermedad mental, como el trastorno por déficit de atención/hiperactividad, también conocido como TDAH.

Las crisis son causadas por los llamados grandes sentimientos, emociones que el niño no puede nombrar e identificar claramente (y mucho menos manejar). Pero estos grandes sentimientos pueden ser un problema cuando el niño reprime sus emociones, discute a menudo, hace amenazas, inicia peleas, carece de autocontrol o tiene conflictos con la autoridad.

La ira y la sobreexcitación suelen estar asociadas a enfermedades y trastornos mentales como el TDAH, el trastorno explosivo intermitente, el trastorno de conducta, los trastornos del estado de ánimo y de ansiedad, la depresión, el trastorno por estrés postraumático (TEPT) y el trastorno de adaptación.

A continuación se presentan algunas técnicas concretas que puedes utilizar para tratar con un niño que no puede regular sus propias emociones:

- Para evitar una crisis, intenta distraer al niño. Llévelo a una situación o actividad menos frustrante. Intenta satisfacer cualquier necesidad no expresada que tenga el niño. El niño no puede ponerle nombre, así que eres tú quien debe conocer y nombrar sus emociones, saber qué las provoca y poder incidir en ellas.
- Ofrécele algunas opciones sencillas para fomentar la confianza en la toma de decisiones y disminuir la frustración.
- Escucha activamente las opiniones y preocupaciones de tu hijo. Anímale a expresarse de esta manera, ya que es clave

para su propia regulación emocional. Valida también sus sentimientos, ya que son legítimos sean cuales sean.

- Enseña a tus hijos cuáles son esos grandes sentimientos, cómo nombrarlos y la importancia de afrontarlos. Es estupendo resolver el problema frustrante de tu hijo en un día cualquiera, pero no siempre estarás ahí para hacerlo por él. Lo fundamental es enseñarles a hacerlo por sí mismos, a convertirse en adultos emocionalmente regulados.

- Pero para el momento de la crisis, quizá quieras reservar un espacio seguro donde tu hijo pueda retirarse para un momento de relajación y reflexión. Lo mismo haces tú, con suerte.

- Comunícate siempre claramente con tus hijos, como lo harías con cualquier otra persona. No puedes esperar que estén a la altura de tus expectativas, si no las dejas claras. Un verdadero líder domina la comunicación clara y tiene cuidado de gestionarla y mantenerla.

- Los niños anhelan la estabilidad, así que mantén rituales y rutinas. Hacer los deberes después del colegio, lavarse los dientes antes de acostarse, hacer la cama antes de ir al colegio; son el tipo de pequeños ejercicios de autodisciplina que fomentarán las tareas más grandes de regulación emocional, inteligencia y liderazgo más adelante.

- Utiliza horarios y tablas con tus hijos. Les enseña a hacer lo mismo y es una herramienta de gestión probada. De esta manera todo fluirá en sus vidas naturalmente.

Pero, ¿qué hacer durante una crisis, cuando ya es demasiado tarde para prevenirla? El lugar seguro es un buen remedio, y existen otros también. En primer lugar, mantén la calma. Predica con el ejemplo. Habla en un tono suave y fuerte a la vez, habla desde lo más profundo del pecho. Declara, pero no exijas ni preguntes. Pregunta por el motivo del enfado y trata de introducir la razón para sustituir la emoción.

Después de una crisis, asegúrate de elogiar al niño por haberse calmado y haber conseguido el control de sí mismo; al fin y al cabo, se trata de un peldaño para una mayor regulación emocional. Habla con el niño después, para que ambos puedan asimilar los detalles y complejidades, las causas y las alternativas. Analizar los sentimientos de tu hijo sobre la experiencia, te ayudará a entender sus propios sentimientos y fomentará la autocompasión y el autoconocimiento. Habla de la resolución de problemas, elabora un plan para corregir las cosas que causaron el malestar. Se trata de una actividad compartida con un objetivo beneficioso, una experiencia de unión para ti y tu hijo en la que comparten energía positiva y buscan juntos un resultado positivo.

HABILIDADES DE REGULACIÓN DE LAS EMOCIONES PARA NIÑOS

He aquí algunas habilidades probadas por el tiempo, en las que cualquier familia puede trabajar para regular las emociones de los niños.

- En primer lugar, ayuda a tus hijos a desarrollar habilidades de resolución de problemas, a que utilicen la energía generada por los grandes sentimientos, para crear resultados constructivos. Estas habilidades solucionan los problemas en lugar de la reacción emocional que sólo empeora las cosas.

- Algunos pasos en la resolución de problemas, incluyen identificar el problema desde el punto de vista del niño, compartir sus preocupaciones, trabajar juntos para hacer un plan de acción, poner ese plan en marcha, reflexionar sobre el éxito del plan y modificarlo para un mayor éxito futuro.

- Enseñarles habilidades de asertividad, formas en que una persona puede declarar sus necesidades sin ser excesivamente agresiva. Enséñales el pensamiento equilibrado, para ver las cosas de forma realista y objetiva. En el caso de los niños, los libros son formas especialmente eficaces de enseñar estas habilidades. También hay profesionales de la salud mental especializados en trabajar con niños. Pero hay otros buenos consejos para ayudar a los niños con menos regulación emocional.

- Asegúrate de que sean educados. No pueden nombrar sus emociones si no conocen las palabras o lo que significan. Enseña a tus hijos estas cosas, porque tu escuela primaria local no lo hará. Es otra de las razones por las que es tan importante que domines la inteligencia emocional; no puedes enseñar lo que no sabes.

- Resiste el lenguaje culposo o vergonzoso. Ninguna persona puede cambiar cómo se siente, sólo cómo se comporta. No hay que demonizar ninguna emoción, simplemente entenderla y responder a ella en lugar de reaccionar.

- Como siempre, se empático y escucha activamente.

- Anímale a realizar actividades relajantes como el ejercicio y el yoga, escuchar música o llevar un diario. Adopta conductas reguladoras, como contar lentamente hasta 10.

TERAPIA DIALÉCTICA CONDUCTUAL (DBT)

La Terapia Dialéctica Conductual (DBT) se centra en la comunicación activa a la hora de abordar los problemas de salud mental y es especialmente útil para tratar diversos trastornos de la personalidad, como el trastorno límite de la personalidad. Se trata de trastornos en los que, el que los padece, puede perder el control de sus emociones.

La idea es que los niveles de excitación varían según el individuo. Un niño reaccionará de forma diferente ante una muerte que una persona de mediana edad, por ejemplo. Los efectos y las consecuencias variarán en consecuencia. La Terapia Dialéctica Conductual, es generalmente de apoyo, cognitiva (centrada en el pensamiento sobre la emoción) y mutua (entre el paciente y el terapeuta).

Puede que no seas un terapeuta, pero aún puedes hacer mucho para mejorar tu propia gestión emocional y puedes ayudar a otros a hacer lo mismo. Prueba las sencillas técnicas que has aprendido en este libro, incluyendo la identificación de las emociones, la reducción de la hipersensibilidad y el empleo de la gestión del estrés.

EJERCICIOS Y ACTIVIDADES DE REGULACIÓN EMOCIONAL

Hay varios ejercicios de respiración que son perfectos para la regulación emocional. Al contar la respiración, por ejemplo, nos centramos en nuestra ella, como haríamos al meditar. Respira lenta y profundamente.

Un poco diferente, el cambio de respiración consiste en poner las manos sobre el abdomen y sobre el corazón (una sobre cada uno al mismo tiempo). Podrás sentir dónde está tu respiración al concentrarte en ella. A continuación, desplaza la respiración hacia abajo, desde el pecho (donde es más probable que esté) hacia el abdomen (donde podría y debería estar).

La relajación mediante la respiración es ideal para reducir el estrés y la ansiedad, y es estupenda para la regulación emocional. No se limita a centrarse en la respiración, sino que esta práctica se centra en la conexión del cuerpo y la mente y visualiza la claridad que se consigue con cada respiración. Es una buena técnica.

CATARSIS EMOCIONAL

Hemos hablado de las emociones como si fueran comida; son necesarias para la supervivencia, nutren nuestras vidas, pero tienen que ser procesadas y el material residual expulsado o se volverá tóxico. Una cosa notable sobre el desapego emocional, es la tendencia a aferrarse a las viejas emociones mucho tiempo después de sentirlas. La catarsis emocional permite al paciente o al enfermo desahogar las emociones reprimidas.

Pero tú ya tienes las herramientas necesarias para una catarsis emocional, tal como se explica en este libro. Observa las emociones en bruto, sin modificar, antes de intentar cambiarlas. Compréndelas, nómbralas, conócelas por lo que son. A continuación, evalúa tu experiencia y los sentimientos y emociones asociados. Externaliza tus emociones de ti mismo. Siempre serás tú mismo, pero tus emociones irán y vendrán. Nombra tus emociones, busca retroalimentación.

SÉ CONSCIENTE DE TUS EMOCIONES

Ya hemos hablado de ser consciente, o de vivir el momento con conciencia deliberada y gratitud. Pero hay dos tipos de ejercicios de atención plena que definitivamente te ayudarán a desarrollar una regulación emocional adecuada.

Los ejercicios de reconocimiento incluyen la observación del comportamiento y el nombramiento de los pensamientos y las emociones, como ya hemos comentado. Los ejercicios de ejecución, hacen hincapié en el pensamiento sin prejuicios y en la escucha activa, en la comunicación y la autoexpresión efectivas, y en las expresiones de empatía.

También existen técnicas de autoconciencia que pueden aportar a cualquier persona una mayor gestión emocional. La autoconciencia forma parte de la atención plena y es crucial para la gestión emocional.

Cada día, pregúntate cómo te sientes en un momento dado. Sé consciente de quién o qué lo ha provocado y de cómo has respondido. Lleva un diario para registrar tus patrones y tu progreso.

TERAPIA DE REGULACIÓN EMOCIONAL (TRE)

Una de las técnicas de autoconciencia se conoce como terapia de regulación emocional. Este enfoque centrado en la persona, utiliza la atención plena y partes de la TDC, la TCC y otros enfoques humanitarios, para ayudar a las personas a identificar, reconocer y luego describir sus emociones. Permite la autoaceptación que da lugar a la regulación emocional.

La terapia de regulación de las emociones conlleva terapias cognitivas (pensamiento sobre la emoción) como la reevaluación y el etiquetado de las emociones. La terapia de grupo también puede ser eficaz.

EL AUTISMO Y LA REGULACIÓN EMOCIONAL

Los Trastornos del Espectro Autista (TEA) son un grupo de condiciones del neurodesarrollo que alteran la funcionalidad emocional, social y ejecutiva. La falta de regulación emocional es un rasgo distintivo del TEA. Los síntomas incluyen problemas de comunicación y de interacción social, comportamientos agresivos o extremos que se repiten, escaso control de los impulsos y falta de juicio, movimientos involuntarios e inflexibilidad muscular u otras alteraciones motoras o sensoriales.

El TEA suele evaluarse con un sistema de clasificación, enumerando y visualizando los factores sociales problemáticos que sirven de desencadenantes del comportamiento antisocial.

LA HOJA DE TRABAJO DE LA ACEPTACIÓN RADICAL

Los psicólogos suelen utilizar la Hoja de Trabajo de Aceptación Radical en las intervenciones de DBT. Se trata de siete preguntas subjetivas para medir el control emocional y revelar los trastornos cognitivos. Puede resultar útil para ti o para alguien que conozcas. Responde a estas preguntas, te ayudará a conocerte mejor.

- Describe una situación estresante. ¿Cómo se produjo y qué efecto tuvo en ti o en los demás?
- ¿Esa situación se produjo como resultado de tu comportamiento? ¿De qué manera? Se específico.
- ¿Contribuyeron otros, positiva o negativamente, a la situación? ¿Cómo? Especifica.
- ¿Has mostrado autocontrol mientras se desarrollaba la situación? Sé sincero.
- ¿Cómo reaccionaste? ¿Tu comportamiento afectó a tus emociones?
- ¿Tu reacción tuvo un efecto en los que te rodean? ¿De qué manera?
- ¿Volverías a reaccionar de la misma manera ante una situación similar?

LA HOJA DE TRABAJO DE REGULACIÓN DE LAS EMOCIONES

Ahora intenta responder a las preguntas de la hoja de trabajo de regulación de las emociones. En primer lugar, considera una circunstancia o situación que te haya impactado emocionalmente. Ahora pregúntate:

- ¿Qué provocó la situación?

- ¿Cuál fue tu interpretación del acontecimiento?
- ¿Fueron intensas tus emociones? ¿En qué lugar de la escala del 1 al 100 se encuentran?
- ¿Tu emoción tuvo impacto en los demás? ¿En qué medida?
- ¿Tu emoción tuvo un impacto en tu comportamiento? ¿Cómo es eso?
- ¿Tu juicio fue influenciado por tus emociones? ¿En qué medida?

Hablamos anteriormente de la respuesta de lucha o huida, generalmente una respuesta orientada al pánico ante las crisis. Esto ocurre en las partes del cerebro llamadas amígdalas, hay una de cada lado del cerebro. Es una parte instintiva y primitiva del cerebro, donde se genera el instinto de supervivencia.

La corteza prefrontal, en cambio, se encarga de la lógica, la razón y otras funciones de alto nivel. La teoría de la relatividad de Albert Einstein se generó en esta parte del cerebro, por ejemplo.

Pero el córtex prefrontal no funciona con la misma rapidez que la amígdala, y ahí es donde la reacción emocional, triunfa sobre la respuesta intelectual. Normalmente, esto está bien; tenemos tiempo para razonar las cosas. Pero cuando surgen emergencias o crisis, hay poco tiempo para el pensamiento racional y la reacción emocional entra en acción. Es la forma en que está conectado nuestro cerebro.

Pero saber esto, significa que cualquiera puede frustrar sus instintos naturales y hacer una pausa deliberada para dejar que los poderes cognitivos de su cerebro entren en acción. Es el concepto de relajación y reflexión del que hemos hablado, y puedes ver cómo se relaciona todo.

Por suerte, puedes controlar tu cerebro tanto como él te controla a ti. Y hay formas prácticas de hacerlo.

- Identificando el comportamiento problemático
- Identificando las emociones que preceden a ese comportamiento
- Identificando los desencadenantes emocionales
- Siendo testigo de tu propio comportamiento
- Eligiendo deliberadamente tus respuestas en lugar de dejar que el instinto las dicte.

EL MODELO DE PROCESO

El modelo de proceso es la teoría de regulación de las emociones predominante y especifica una secuencia de emociones que incluye (en este orden) una situación, atención, una valoración y una respuesta. Toda emoción es generada por una situación que llama la atención. Esa atención estimula una valoración, y esa valoración inicia una respuesta. Por ejemplo, un comentario racista es una situación que puede captar tu atención, generar la valoración de que ese comentario es inadecuado y que puede inspirar una respuesta correctiva.

Puedes regular tus emociones en cualquier momento del ciclo. Puedes apartarte de la situación. No puedes desoír lo que has oído, pero puedes desviar tu atención hacia otra cosa. También puedes cambiar tu valoración, viendo las cosas desde la perspectiva de otra persona y practicando la empatía. Puedes considerar tu respuesta y elegir no responder en absoluto. No todos los estímulos requieren o incluso justifican una respuesta.

La verdadera regulación emocional se consigue aceptando las emociones de forma tan honesta como razonable y externalizándolas de la persona que las tiene. La ira es ira, los celos son celos, pero cada individuo que experimenta esas emociones es único.

La verdadera regulación emocional suele requerir técnicas deliberadas para su aplicación, como la relajación u otros cambios de conducta. La verdadera regulación emocional requiere el control de los impulsos.

LOS ARREBATOS ESTÁN OBSTACULIZANDO TU VIDA SIN QUE LO SEPAS

A veces, algo temporal como la falta de sueño o un nivel bajo de azúcar en la sangre puede provocar un arrebato emocional. Sin embargo, lo más frecuente es que se trate de un problema crónico llamado responsabilidad emocional. Es común en las personas con lesiones cerebrales u otras condiciones preexistentes. Son habituales en quienes padecen el trastorno límite de la personalidad y otras afecciones mentales graves como el trastorno de adaptación, el trastorno negativista desafiante, el autismo y el TDAH (trastorno por déficit de atención e hiperactividad).

Los arrebatos emocionales suelen consistir en ataques de risa o de llanto, irritabilidad repentina, ira sin causa real, estallidos o ataques de rabia o mal genio.

Entre las causas más comunes de estos arrebatos emocionales se encuentra el estrés,

¿Cuáles son las causas de no poder controlar las emociones?

Estos otros trastornos y condiciones también se asocian a los arrebatos emocionales: abuso de alcohol, personalidad antisocial, síndrome de Asperger, bipolaridad, diabetes, delirio, depresión, psicosis, TEPT (trastorno de estrés postraumático), esquizofrenia.

En general, quienes no pueden controlar sus emociones presentan síntomas comunes. Entre ellos se encuentran el miedo a expresar las emociones, el sentirse abrumado por la emoción, la ira inexplicable y el abuso de drogas o alcohol.

La afección puede llegar a merecer un tratamiento médico cuando el enfermo siente que la vida ya no merece la pena, quiere hacerse daño o se autolesiona, oye voces o ve alucinaciones, pierde el conocimiento.

AFECTACIÓN PSEUDOBULBAR (PBA)

La afectación pseudobulbar (PBA) afecta a personas con lesiones cerebrales o afecciones neurológicas y es conocido por los ataques involuntarios de risa, llanto o ira. Se produce como resultado de una desconexión entre el lóbulo frontal, que controla las emociones, y el cerebelo y el tronco cerebral. A menudo puede ocurrir como resultado de la enfermedad de Parkinson, un accidente cerebrovascular, tumores cerebrales, esclerosis múltiple y demencia.

Otros síntomas graves que indican la necesidad de atención médica son las emociones sin causa, los arrebatos frecuentes, la dificultad para expresar las emociones y los sentimientos constantes de ira, tristeza o depresión.

Los tratamientos dependen de la gravedad del trastorno, pero las terapias cognitivas suelen ser eficaces. Para la presión arterial baja, pruebe con pastillas de glucosa, zumo de frutas o caramelos.

Llevar un diario suele ser útil. Haz un diario emocional y anota cuándo y dónde tienes esos arrebatos, quién está cerca, cuál es la causa del malestar. Esto te ayudará a aislar las causas y a controlar las circunstancias y evitar los desencadenantes que contribuyen a provocar los arrebatos.

TEST DE INTELIGENCIA EMOCIONAL

Aquí tienes un gran test aplicable para medir tu Inteligencia Emocional y mostrarte dónde puedes mejorar aquí y ahora. Elige una de las dos respuestas posibles.

1. Mis emociones generalmente tienen...

R1: poco o ningún impacto en mi comportamiento.

R2: un fuerte impacto en mi comportamiento.

2. 2. Suelo guiarme por...

R1: mis valores, mi ética y mis objetivos.

R2: los valores, la ética y los objetivos de los demás.

3. Bajo presión, suelo mostrar...

R1: comportamientos diferentes a los normales.

R2: comportamientos desencadenados.

4. Suelo aprender más...

R1: actuando en el presente.

R2: pensando en el pasado.

5. Usualmente...

R1: puedo reírme de mí mismo.

R2: no puedo reírme de mí mismo.

6. Suelo presentarme...

R1: con poder y presencia.

R2: con una confianza cautelosa.

7. Ante la incertidumbre, suelo ser...

R1: decidido y lúcido.

R2: cauteloso de tomar una decisión equivocada.

8. Expreso opiniones que...

R1: pueden ser impopulares, pero representan lo que creo que es correcto.

R2: son populares y cuentan con un amplio apoyo.

9. En general, me gusta...

R1: afrontar nuevos retos.

R2: mantener las cosas como están.

10. Por lo general, me gusta...

R1: inspirar confianza.

R2: buscar la confianza de los demás.

11. Por lo general, yo...

R1: dejo que mis estados de ánimo y mis emociones influyan en mi comportamiento.

R2: tengo control sobre mis impulsos y erupciones emocionales.

12. La presión generalmente...

R1: me distrae.

R2: no me impide pensar con claridad y mantener la concentración.

13. Siempre...

R1: hago lo que digo que haré.

R2: hago lo que debo y nada o poco más.

14. La confianza de los demás...

R1: se me suele dar sin más.

R2: hay que ganársela con honestidad e integridad.

15. A menudo soy...

R1: flexible en mi visión de las cosas.

R2: fijo en mi visión de los acontecimientos para verlos como son.

16. Al enfrentarme a los desafíos, generalmente...

R1: trabajo más y sigo el ritmo.

R2: gestiono las múltiples demandas con facilidad.

17. Siempre...

R1: establezco objetivos desafiantes para mí y para mi equipo.

R2: logro objetivos menores con menos esfuerzo.

18. Los contratiempos y los obstáculos generalmente me hacen...

R1: cambiar mis expectativas u objetivos.

R2: mantener el rumbo y mantener mi posición.

19. Por lo general, yo...

R1: suelo superar las expectativas en la consecución de mis objetivos.

R2: limito mis propósitos a metas que puedo alcanzar fácilmente.

20. Ante las oportunidades, a menudo me siento...

R1: inseguro de perseguirlas.

R2: con ganas de perseguirlas.

21. Las diferencias dentro de un grupo suelen ser...

R1: la causa de las dificultades.

R2: valoradas y comprendidas.

22. Considero los prejuicios y la intolerancia...

R1: una oportunidad para desafiar a quienes los tienen.

R2: una cosa que hay que ignorar para poder seguir con mi vida.

23. Me gusta ayudar si es lo mejor para...

R1: completar una tarea importante.

R2: ayudar a los demás con sus pensamientos o sentimientos.

24. Yo siempre...

R1: escucho con atención.

R2: escucho bien y leo las señales faciales o el lenguaje corporal.

25. Los puntos de vista de los demás suelen ser...

R1: claros y bien recibidos.

R2: confusos e improductivos.

26. Las redes sociales me suelen parecer...

R1: una distracción.

R2: una herramienta útil.

27. Me gusta...

R1: dar a mis clientes lo que piden.

R2: entender las necesidades de mis clientes y utilizar mi experiencia para ofrecerles los productos o servicios adecuados.

28. Normalmente...

R1: sirvo como asesor.

R2: confirmo las opiniones o gustos del cliente.

29. La lealtad y la satisfacción del cliente...

R1: es fundamental para mi ética de trabajo.

R2: es sólo un cliché y significa poco o nada en el análisis final.

30. Siempre...

R1: informo a la gente de mis expectativas.

R2: demuestro el mismo comportamiento que espero.

31. Asigno proyectos a trabajadores que...

R1: puedan hacer bien el trabajo.

R2: se desarrollen y crezcan con el reto.

32. Me gano a la gente...

R1: con facilidad.

R2: con dificultad.

32. Siempre...

R1: sigo los cambios dictados por otros.

R2: sugiero cambios propios.

32. Manejo a las personas difíciles...

R1: con diplomacia.

R2: con franqueza.

34. Busco relaciones que...

R1: me ayuden a mí.

R2: nos ayuden a los dos.

35. Mi concentración suele ser...

R1: más centrada en las tareas.

R2: más fuerte en las relaciones.

Espero que lo hayas hecho bien. Si no, no temas, ya que siempre puedes mejorar tus habilidades y volver a hacer el examen. Por eso está aquí, y por eso estás aquí. Ahora vamos a utilizar nuestras habilidades cognitivas hacia el tema de, bueno, las habilidades cognitivas.

III

HABILIDADES COGNITIVAS

NUESTROS PADRES NOS AYUDARON A DESARROLLARLAS, AHORA SOMOS LO SUFICIENTEMENTE MAYORES PARA DESARROLLARLAS NOSOTROS MISMOS

Ya hemos hablado de la inteligencia emocional, pero ser verdaderamente inteligente desde el punto de vista emocional, requiere habilidades cognitivas, y ser un verdadero líder definitivamente requiere de ellas. Las habilidades cognitivas se dan en el cerebro: la escucha, la atención, la percepción. Estar atento a ellas es crucial para tu éxito.

Las habilidades cognitivas son importantes en todas las facetas de tu vida, especialmente en la forma en que interactúas con los demás.

Las habilidades cognitivas se dan de forma natural, procesando información, reconociendo patrones y analizando problemas.

Hay diferentes tipos de habilidades cognitiva. Conocer unas y otras, será de gran valor para que puedas utilizarlas sabiamente en el momento y lugar adecuados.

La atención es la forma de procesar la información actual. Prestar mucha atención y retener lo que has aprendido es quizás la habilidad cognitiva central. Requiere concentración y tiene un efecto directo en la memoria. Si no lo absorbes, no lo recordarás. Por otro lado, cuanto más absorbas, más retendrás.

El déficit de atención suele ser un reto, sobre todo en los casos de déficit de atención/hiperactividad (TDAH). Por lo demás, puede afectar a la mayoría de las personas que realizan varias tareas a la vez o están estresadas.

En realidad, hay tres tipos de atención. La atención sostenida, se utiliza en una sola tarea durante largos periodos de tiempo. Es fundamental para lograr objetivos a largo plazo. La atención selectiva, se utiliza cuando hay distracciones que se ignoran por falta de disciplina. La atención dividida, es habitual en esta época. Es la metodología de la multitarea, aunque se sabe que es menos eficaz.

Otra capacidad cognitiva es la memoria, la capacidad de recordar la información que se ha retenido. Hay memoria a corto plazo, cosas de menor importancia que han sucedido recientemente, y memoria a largo plazo, recuerdos más importantes de un pasado más lejano. El tiempo puede afectar a la claridad de los recuerdos a largo plazo.

La lógica y el razonamiento son capacidades cognitivas relacionadas con la evaluación de problemas y la búsqueda de soluciones. La memoria mira hacia atrás, la lógica y el razonamiento miran al presente y al futuro.

El procesamiento auditivo y visual, tiene que ver con la interpretación de información como letras y símbolos. Es una habilidad útil para visualizar objetivos y resultados, o para seguir un mapa y hacer ecuaciones matemáticas. Una mayor capacidad cognitiva, suele permitir que estas cosas se hagan más rápidamente. De hecho, cuanto más alta es la capacidad cognitiva de una persona, más rápido se suelen realizar estas tareas mentales.

Puede que pienses que las habilidades matemáticas no son tan cruciales como antes, y puede que tengas razón. Pero las habilidades de procesamiento cognitivo pueden surgir en otros contextos. Las entrevistas de trabajo pueden exigirte que evalúes una situación hipotética, que te anticipes a una circunstancia incierta e inesperada, tal y como ocurriría en la vida. A menudo, se te presentarán acertijos y enigmas que requieren este conjunto de habilidades cognitivas.

La comprensión de la materia es importante por razones obvias.

Reconocer patrones de eventos es fundamental para la habilidad cognitiva y uno de sus resultados más valiosos. Si puedes ver patrones de eventos, puedes predecir lo que va a pasar. Ya sabes que el comportamiento de algunas personas puede ser desencadenante del comportamiento de otros, y sabes que los lunes son más estresantes en la oficina, así que podrás programar tus reuniones o gestionarlas en consecuencia. También podrás dominar las oportunidades profesionales, los escollos y cualquier cantidad de acontecimientos que otros pasarán por alto y de los que quizá serán víctimas.

Analizar los problemas y encontrar opciones es una de las habilidades cognitivas avanzadas. Surgirán cosas inesperadas y será necesario encontrar opciones. Tu trabajo como verdadero líder es encontrarlas, y la habilidad cognitiva es la única manera de hacerlo.

La lluvia de ideas es una habilidad cognitiva distintiva. Es un ejercicio creativo, y también suele ser necesario para superar obstáculos inesperados. Es una actividad de equipo y es buena para entusiasmar a los miembros del mismo. Fomenta un clima de trabajo saludable.

La atención centrada es la clave, como hemos mencionado. Mantén la concentración y tu equipo seguirá tu ejemplo. Esto también te ayudará a priorizar y eso hará que tú y tu equipo sean más eficientes y, por tanto, más productivos.

MEJORA TU CAPACIDAD COGNITIVA

Al igual que tu inteligencia emocional, tu capacidad cognitiva puede desarrollarse y mejorarse. Aunque no pueda aumentar tu coeficiente intelectual, puede mejorar tu control de este conjunto de habilidades y aumentar tu capacidad cognitiva. A algunos les resultará familiar, y con razón.

La actividad física mejora la función hormonal, y eso aumenta la memoria, la concentración y la retención. También es bueno para la coordinación mano-ojo y las habilidades motoras.

Los nuevos retos mantienen al cerebro excitado y activo. Tu capacidad cognitiva es como un músculo, y puede atrofiarse si no se trabaja con regularidad. Las nuevas actividades casi siempre incluyen algunos pequeños fracasos, lo que mantiene a uno emocionalmente alineado para no pensar demasiado y externalizar el fracaso del esfuerzo. Las actividades nuevas mantienen el cerebro curioso, concentrado y abierto a retener nueva información, todos ellos pilares de la inteligencia cognitiva y emocional.

Los juegos cerebrales están diseñados específicamente para mantener las capacidades cognitivas en forma. Utilizan diferentes habilidades, se basan en patrones visuales y matemáticos, y pueden ser muy divertidos. Sólo unos minutos al día pueden mejorar enormemente las capacidades cognitivas de cualquiera.

Dormir lo suficiente es crucial para agudizar las capacidades cognitivas. Eso significa comer y beber menos, y no fumar. Dormir permite que el cerebro se repare y se refresque. Para algunos, puede ser necesario meditar, para otros, tomar alguna ayuda para dormir.

Mantén el estrés al mínimo para maximizar las habilidades cognitivas. El estrés distrae y reduce la concentración y dificulta la atención, la retención y la memoria. La meditación es excelente para ello.

MEMORIA Y PÉRDIDA DE MEMORIA

Un poco más sobre la memoria antes de continuar. Hemos hablado de la memoria a corto y a largo plazo, pero veamos esto un poco más.

Las tres etapas de la producción de la memoria son:

- La creación de la memoria (el resultado de la atención)
- La consolidación de la memoria (una organización y priorización de los recuerdos)
- Y el recuerdo de la memoria (basado en la consolidación)

La pérdida de memoria puede estar causada por la genética o el comportamiento personal. Sea cual sea la causa, el cerebro tiene la capacidad de cambiar de ciertas maneras en un proceso llamado neuroplasticidad. Esto permite a nuestro cerebro crear nuevas vías neuronales para cambiar ciertas conexiones existentes. En resumen, se puede mejorar la memoria, y he aquí cómo. Esto también nos resultará familiar, y eso es natural.

Aprender algo nuevo es la forma perfecta de mejorar la memoria porque la mayoría de las cosas requieren memoria. Los idiomas, las habilidades artísticas, casi cualquier actividad nueva requerirá al menos algo de memoria a corto plazo. Utilizarla es la mejor manera de no perderla.

Tómate tiempo para reflexionar en silencio, medita. Despeja las distracciones que desafían a la memoria en casi todas las etapas.

Utiliza tus sentidos para crear recuerdos. El olor, el tacto y el sabor de las cosas nos causan una gran impresión, así que relaciona los acontecimientos con las experiencias sensoriales de ese evento y esto lo imprimirá en tu memoria con más fuerza.

Asocia la información nueva con la que ya conoces. Un recuerdo se apoyará en el otro.

Resume lo que necesitas recordar desde tu propia perspectiva. Hazlo tuyo y te será más fácil recordarlo.

Repasar la información también es una buena forma de grabarla en tu memoria. Léela y vuelve a leerla, y luego otra vez. Grábalo en tu memoria.

Los dispositivos mnemotécnicos son una buena forma de aumentar tu memoria. Basta con asociar una cosa que no conoces con algo que sí conoces, un ejercicio que ya hemos visto. Por ejemplo, si nunca has oído hablar del término mnemotecnia y no lo recuerdas, puedes pensar: "Usa la mnemotecnia o serás un tonto", o algo así.

Busca retos, aprovecha tus habilidades, asegúrate de que esta búsqueda tenga su recompensa. Inspirará y recompensará tu mente creativa, y estimulará tu memoria porque recordarás la recompensa.

Limita el tiempo de pantalla a una hora por la noche. La luz artificial no es buena para tus patrones de sueño. Si tienes que leer, hazlo desde una página con la luz adecuada en la habitación. Evita la cafeína por la noche, ya que interrumpe los patrones de sueño saludables.

Las relaciones también son importantes para la salud del cerebro. Fomentan el ejercicio cerebral, la empatía, todo lo que hemos hablado en este libro.

Evitar el estrés es bueno para todos los aspectos de tu vida, y tu memoria mejorará por diversas razones una vez que hayas reducido el estrés en tu vida. El estrés desencadena el olvido, por ejemplo.

Algunas formas de gestionar el estrés en el lugar de trabajo pueden ser tomando descansos adecuados cada tanto tiempo, establecer límites y expectativas, expresar los pensamientos y sentimientos y evitar la multitarea.

APLICAR LAS HABILIDADES COGNITIVAS EN TODAS PARTES

Como hemos visto, todas estas habilidades cognitivas son aplicables en todas las facetas de tu vida. Veamos algunos ejemplos concretos.

La atención sostenida, que consiste en concentrarse en una sola tarea durante mucho tiempo, es vital en el trabajo. En el lugar de trabajo la utilizarás en una tarea individual tras otra, por lo que esta habilidad cognitiva tiene un valor incalculable. Pero también la necesitarás en casa, cuando te ocupes de tareas a largo plazo, como la educación de tus hijos, las reformas de tu casa o el pago de tus deudas. En los círculos sociales, la atención sostenida es útil para desarrollar y mantener relaciones duraderas.

La atención selectiva, que se entrena para evitar distracciones, es vital en el lugar de trabajo, donde las distracciones están por todas partes. Todos los escritorios tienen un ordenador, y eso significa Internet, una de las mayores fuentes de distracción de la historia. También hay llamadas telefónicas, emergencias, crisis de diversa índole. Los romances en la oficina, que se unen o se deshacen; el lugar de trabajo exige una atención selectiva como prácticamente ningún otro lugar. Pero el hogar también lo requiere. Tendrás que lidiar con un montón de cotilleos de salón, pequeños conflictos que van y vienen, y todas las mismas distracciones mediáticas que tienes en el trabajo. Socialmente, la atención selectiva te permite centrarte en las relaciones que importan e ignorar las cosas que no importan; la música alta, las luces parpadeantes, las distracciones del mundo social.

La atención dividida es necesaria en el lugar de trabajo, donde varios proyectos en diferentes fases de desarrollo pueden necesitar atención al mismo tiempo. En casa, puede tratarse de las necesidades de un hijo o más de uno, de un cónyuge, quizás de las necesidades de los hermanos o de la propia casa. La electricidad, la fontanería, los problemas de cimentación y otros aspectos, pueden hacer que ser propietario de una casa, sea una letanía de distracciones complejas y costosas. A menudo tendrás que ocuparte de un problema o más a la vez, y eso sólo en la casa. Si a esto le añadimos las necesidades de las personas que viven en la casa y quizás algunos animales, tendremos la atención dividida.

La memoria a largo plazo es fundamental para el lugar de trabajo. Las lecciones de los viejos fracasos pueden entrar en juego con los nuevos proyectos, los clientes del pasado pueden regresar. En casa, la memoria a largo plazo evitará que olvide su aniversario de bodas. Socialmente, la memoria a largo plazo le ayuda a relacionarse más estrechamente con sus amigos de largo plazo. Tus recuerdos de sus vidas serán muy apreciados.

La memoria a corto plazo (o de trabajo) es vital para la organización en el lugar de trabajo. Deben tenerse en cuenta los plazos. El líder de un equipo debe tener un conocimiento práctico de lo que está haciendo cada miembro del equipo, y eso requiere memoria a corto plazo. Pero la organización del hogar es igualmente vital, y la memoria a corto plazo evitará que olvides la fecha de la presentación escolar de tu hijo o tu cita con el dentista. Socialmente, la memoria a corto plazo evita que te pierdas una cita para almorzar con un amigo o la dirección o indicaciones para llegar a la casa de un nuevo amigo.

Las habilidades lógicas y de razonamiento, te ayudarán a diario en el lugar de trabajo. Surgirán crisis que necesitarán de una rápida resolución. Las cosas que se planificaron pueden salir mal y es necesario repensarlas. Es posible que sea necesario volver a calcular un cronograma debido a un hecho inesperado. En casa, la lógica y el razonamiento son fundamentales para resolver disputas (si tienes hijos, sabrás lo valioso que es esto) y resolver crisis inesperadas. Cuando alguien conduzca su coche hasta tu sala de estar, sabrás a qué me refiero. Socialmente, las habilidades de lógica y razonamiento, evitarán que acoses a una persona que puede no estar interesada en ti.

El procesamiento auditivo, al igual que el visual, se produce en nuestra vida todo el día, todos los días. Incluso mientras duermes, puedes estar procesando información auditiva. En el trabajo, esto incluirá información importante sobre los proyectos en curso, los horarios de las reuniones e información sin importancia como los chismes de la oficina. En casa también oirás muchos cotilleos, pero también escucharás información importante sobre el mantenimiento del hogar y los grandes acontecimientos de la vida familiar. En tu vida social, oirás aún más cotilleos, y esa es una buena forma de saber si estás socializando con la gente adecuada. En el caso de los romances, oirás detalles sobre sus vidas y sus gustos y querrás recordarlos. Eso no pasará desapercibido ni sin recompensa, te lo prometo.

El procesamiento visual es un poco más interpretativo y menos directo, lo que hace que las habilidades de procesamiento adecuadas sean aún más importantes. En el trabajo, el procesamiento visual será útil durante las presentaciones, de las que se depende cada vez más en el mundo empresarial. Te servirá para leer el lenguaje corporal, que te dice mucho sobre tu equipo, tu supervisor e incluso sobre ti mismo. Aunque algunas personas aprenden mejor de las fuentes auditivas y otras absorben más de los estímulos visuales, en el trabajo hay que ser fuerte en ambas. En casa, el procesamiento visual te dirá cómo están tus hijos. Su lenguaje corporal te dirá si están contentos o estresados. Lo mismo ocurre con tu cónyuge. Puede haber todo tipo de pistas visuales sobre problemas que tu cónyuge nunca ha mencionado ni puede mencionar. Y decir que nunca te dijeron que había un problema no te librará de él. No tendrían ni que haberlo mencionado, y en gran medida tienen razón. Deberías haberlo sabido. La interacción social es muy parecida. Presta atención a las señales visuales para averiguar el estado de ánimo o el bienestar de tus amigos.

La velocidad de procesamiento, que aumenta junto con la inteligencia, te ayudará en el trabajo al permitirte resolver problemas más rápidamente y con resultados superiores. Esto se traducirá naturalmente en un ascenso y una mayor socialización. También creará mejores resultados para el equipo, y eso debería crear un clima de trabajo más saludable. En casa, la resolución decisiva de problemas, evita que se acumulen resentimientos u otros sentimientos negativos entre los hijos o los cónyuges. En el ámbito social, podrás resolver los problemas entre tus amigos o entre ellos contigo mismo, en caso de que surjan. Habrá ocasiones en las que será necesario pensar con rapidez y actuar con mesura, tal vez para evitar una pelea en un bar. Las amistades pueden ser complicadas y pueden conllevar todo tipo de sentimientos conflictivos y resentimientos ocultos.

Las pruebas de habilidades cognitivas generalmente cubren varios temas; razonamiento numérico, verbal, lógico y mecánico, y conciencia espacial.

PROFUNDIZA TUS HABILIDADES COGNITIVAS

EMPIEZA POR TU CUERPO

Ya hemos hablado brevemente de los efectos de la dieta y el sueño en las capacidades cognitivas, y es lógico. Basura dentro, basura fuera, como se dice. Pero, ¿es cierto que existen los llamados alimentos inteligentes que pueden hacernos más inteligentes?

Las fresas, las moras y los arándanos contienen flavonoides y antocianinas, potentes antioxidantes que pueden mejorar la salud en general y la del cerebro en particular. Los estudios han demostrado que ralentizan el deterioro cognitivo.

El chocolate negro tiene un flavanol que también se encuentra en las bayas, el té, el cacao y varias frutas y es beneficioso para la velocidad de procesamiento cognitivo.

Los frutos secos son buenos para la salud del cerebro en general, y las nueces tienen un alto contenido en ácido alfa-linolénico (ALA), un ácido graso omega-3 y están relacionados con un mayor rendimiento cognitivo en la edad adulta.

El brócoli y otras verduras crucíferas contienen sulforafano, que puede proteger el cerebro, y vitamina K. La deficiencia de vitamina K se ha relacionado con la enfermedad de Alzheimer.

Las uvas Concord, disponibles sólo durante una breve temporada al año, disponen del zumo de uva concordia. Estas uvas grandes y oscuras han demostrado tener efectos beneficiosos sobre la función de la memoria.

El cerebro es el órgano más graso del cuerpo, por lo que requiere grasas buenas, omega-3, que se encuentran en el salmón, la trucha, la caballa, las sardinas, el arenque y el atún. La deficiencia de omega-3 se ha asociado a la enfermedad de Alzheimer.

Los huevos aportan colina, esencial para un buen metabolismo y se asocia con mejores resultados en las pruebas cognitivas en estudios controlados.

Las semillas en general, y las de calabaza en particular, son un gran alimento para el cerebro debido a la abundancia de ALA omega-3. Las semillas de calabaza tienen un alto contenido en zinc, vital para el funcionamiento óptimo del cerebro.

Los extractos de la hierba salvia pueden tener un efecto positivo sobre el estado de ánimo y la memoria, la atención e incluso la función ejecutiva.

La leche aporta el nutriente colina, importante para la salud óptima del cerebro. También tiene un gran efecto en el desarrollo cerebral de los bebés. También puede proteger contra la diabetes de tipo 2 y la resistencia a la insulina.

La cúrcuma está de moda estos días, y por una buena razón. Es excelente para la acidez, los gases y otros problemas digestivos. También es un gran antiinflamatorio.

El cacao en polvo también está repleto de flavonoides, sobre todo de epicatequina, que parece mejorar la cognición y puede tratar o incluso prevenir la diabetes.

La col rizada verde tiene una gran cantidad del mineral llamado manganeso, y también una tonelada de vitaminas A, C y K.

La remolacha tiene un alto contenido en nitratos, que relajan los vasos sanguíneos y aumentan la circulación, sobre todo en el cerebro.

El aceite de oliva es fundamental en la llamada dieta mediterránea. Tiene un alto contenido en polifenoles, que se ha demostrado que reducen el riesgo de padecer las enfermedades de Parkinson y Alzheimer.

El caldo de huesos tiene un alto contenido en proteínas, que el cerebro necesita para funcionar de forma óptima.

Las alubias también son ricas en proteínas, y también en omega-3 ALA. Las alubias también son ricas en hidratos de carbono, que se convierten en glucosa y alimentan el cerebro.

El té puede contribuir a la pérdida de peso y a la prevención del cáncer, y ha demostrado ser beneficioso para el cerebro. Su cafeína aumenta la energía, mientras que el aminoácido L-teanina ayuda al cerebro a relajarse. El té verde, en particular, se asocia a la reducción del riesgo de algunos trastornos cognitivos.

La carne de vacuno es rica en hierro, que es fundamental para una buena salud general, ya que transporta el oxígeno de los pulmones a los tejidos corporales. La fatiga es un signo común de la deficiencia de hierro.

Puede que nunca hayas oído hablar de la yerba mate, pero es habitual en Sudamérica como bebida caliente. Tiene 24 minerales y hierbas, 15 aminoácidos diferentes y una variedad de polifenoles, además de teofilina y teobromina.

La avena integral se convierte fácilmente en glucosa, la fuente de combustible favorita del cerebro. La avena también ofrece vitaminas del grupo B, magnesio y hierro. Y no aumentarán tu nivel de azúcar en sangre.

Las lentejas tienen mucho folato, una de las vitaminas B que ha demostrado aumentar el rendimiento cognitivo en estudios controlados. La vitamina B disminuye la homocisteína, un aminoácido. Un exceso de aminoácidos puede reducir la capacidad cognitiva.

Los altos niveles de ALA de las semillas de lino pueden tener un fuerte impacto en los enfermos de Alzheimer. La linaza molida se suele espolvorear sobre una ensalada, sobre cereales fríos o calientes, o mezclada en un batido.

Y hay alimentos y suplementos que han demostrado reducir el estrés y la ansiedad.

La melisa, un miembro de la familia de la menta, ha sido estudiada por sus efectos contra la ansiedad. Los ácidos grasos omega-3 redujeron los síntomas de ansiedad en un 20%, según un estudio realizado. La hierba ashwagandha también ha demostrado su eficacia para reducir los síntomas de estrés y ansiedad.

Los antioxidantes que se encuentran en el té verde aumentan los niveles de serotonina para reducir la ansiedad y el estrés. La raíz llamada valeriana contiene ácido valeriánico, que es un potente auxiliar del sueño y altera los receptores GABA (ácido gamma-aminobutírico). Esto disminuye la ansiedad.

El kava kava, de la familia de la pimienta, se utiliza en el Pacífico Sur para tratar el estrés y la ansiedad leves.

¿HA ESTADO ESTRESADO ÚLTIMAMENTE? DEBES APRENDER A REDUCIRLO

Hemos visto el estrés y sus efectos en el cuerpo y el cerebro. El estrés provoca inflamación, malos hábitos de sueño y alimentación, abuso de sustancias, consiguiente aumento de peso y mala salud, depresión, muerte prematura por accidente cerebrovascular o enfermedad cardíaca y suicidio.

Ya hemos visto formas de reducir el estrés, incluida la meditación. Veamos más de cerca las mejores formas de aliviar el estrés.

El ejercicio, unos mejores hábitos de sueño, una mejor nutrición, evitar el abuso de sustancias, la conciencia plena, la adaptación de una mentalidad de crecimiento, la gestión del tiempo; todo ello es fundamental para una vida más libre de estrés. Una comunicación más clara con los demás siempre reducirá o incluso podrá evitar el estrés y la ansiedad.

La meditación es una forma popular de aliviar el estrés y, aunque la hemos mencionado brevemente, es conveniente examinarla más de cerca.

Cuando meditas, te sientas en silencio y quieto y te concentras en una sola cosa. Puede ser la respiración, el patrón constante de inhalación y exhalación profunda y lenta. Puedes concentrarte en un único punto focal o en una frase o mantra repetida. Pero hay mucho más, ya que hay muchas formas de meditar.

En primer lugar, la meditación puede agruparse en dos categorías. La meditación calmante (*samatha*) cultiva un estado tranquilo y pacífico de la manera que acabo de describir, centrándose en la respiración o en un punto focal o un mantra.

Por otro lado, la meditación introspectiva (*vipassana*) desarrolla cualidades de carácter, como la sabiduría y la compasión, centrándose en los efectos de la respiración en el cuerpo en lugar de en la propia respiración. Se puede empezar con la meditación de calma y pasar después a la meditación introspectiva y combinar ambas.

Hay ocho técnicas básicas de las tradiciones budistas tibetana y birmana. Combinan tanto la meditación de comprensión como la meditación de calma.

Ya hemos hablado de la atención focalizada, que dirige la atención a la respiración, a un punto focal o a un mantra. Si tu mente divaga, vuelve a lo que estés enfocando.

La meditación de escaneo del cuerpo dirige la atención al cuerpo, empezando por abajo y concentrándose en cada parte del cuerpo y en cómo se siente.

Tomar nota es la práctica de ser consciente tanto de las distracciones como de volver a centrar la atención durante la meditación. Es una especie de conciencia enfocada de estos cambios, cómo son causados y luego controlados. Utiliza esta técnica en combinación con otras cuando estés preparado.

La visualización implica evocar una imagen en tu mente y concentrarte en ella. Puede ser una visualización de algo o alguien que desees, la manifestación de un objetivo a largo plazo, como por ejemplo, una casa propia.

La meditación de la bondad amorosa, se centra específicamente en las personas, incluso en algunas que no nos gustan. Esta técnica se centra en dirigir la energía positiva hacia alguien que puede ser una fuente de energía negativa.

La técnica de la compasión hábil, implica poner el foco en una persona a la que quieres y luego centrarte en los efectos, en el modo en que la energía positiva afecta a tu cuerpo, comparable a las facetas de la meditación del escáner corporal.

Con la técnica de la conciencia en reposo, la mente descansa de verdad. Es una técnica avanzada, que se basa en el conocimiento de las otras técnicas que hemos visto.

La técnica de reflexión, consiste en formular una pregunta durante la meditación, como por ejemplo: *"¿Cómo puedes ayudar a los demás?"* o *"¿Por qué cosas tienes que estar agradecido?"* te invita a hacerte una pregunta a ti mismo: quizás algo como: *"¿Por qué estás más agradecido?"* Ten en cuenta que debes utilizar el "tú" y no el "yo", pues de lo contrario tendrás la tentación de responder. La técnica de reflexión se centra en la pregunta.

La meditación trascendental se centra en un poder mayor, sea cual sea tu noción de Dios o de un poder superior.

Todas estas son técnicas autocontroladas, pero algunas de las siguientes técnicas requieren un maestro calificado.

- La meditación del yoga, utiliza a menudo el yoga Kundalini, entre otros tipos de yoga, y es más eficaz en una clase.
- La meditación de los chakras, se centra en los puntos centrales de energía del cuerpo o chakras para mantenerlos abiertos y alineados, remediando diversos síntomas mentales y físicos.
- De forma similar, la práctica china de la meditación Qigong, aprovecha la energía manteniendo abiertas y alineadas las vías llamadas meridianos.
- La meditación con baños de sonido, utiliza instrumentos como gongs y cuencos para crear vibraciones sonoras calmantes.

LOS EJERCICIOS CEREBRALES NO SÓLO SON DIVERTIDOS, SINO QUE TAMBIÉN SON BUENOS PARA TI

Recuerda que tu mente es como un músculo y hay que mantenerla en forma. Estos ejercicios te ayudarán a fortalecer tu mente, para que tu cerebro sea más eficiente y harán que tu vida sea mejor.

Además de las tácticas específicas que aprenderás aquí están los métodos más comunes para ejercitar el cerebro. Juegos de mesa, nuevas actividades, nuevos idiomas; son formas probadas de mejorar tus poderes cognitivos. Aparte de eso, aquí tienes algunas formas específicas de aumentar tus capacidades cognitivas.

Aquí tienes un gran truco para agudizar tu memoria y aumentar tu capacidad cerebral. Intenta dibujar un mapa de tu barrio completamente de memoria. Rellena todos los nombres de las calles que puedas. Por supuesto, no los sabrás todos, ya que la probabilidad de que conozcas todas las calles de tu barrio es bastante baja. Pero sí conocerás algunas, las calles que rodean tu casa y tu lugar de trabajo. Lo que cuenta es el ejercicio, no los resultados.

¿Eres diestro? Intenta favorecer a tu mano izquierda. Si eres zurdo, intenta vivir como diestro durante un día entero. Sé deliberado al respecto. Abre las puertas con la otra mano, ráscate y firma el recibo de una tarjeta de crédito con la mano que no utilizas normalmente. Esto pone a prueba tu cerebro y tus habilidades de control motor y mantiene ambos en forma.

Pon a prueba tu capacidad de recordar haciendo listas de memoria. Anota lo que has comprado en el supermercado, qué ejercicios has hecho en el gimnasio y en qué orden. Puedes ser más específico si estás dispuesto a desafiarte a ti mismo. Porque tu tarea es memorizar esa lista. Ahora ocúpate de esa tarea. Memoriza todo lo que puedas. No lo recordarás todo, pero recuerda que lo que cuenta es el ejercicio, no los resultados.

Practica la realización de ecuaciones matemáticas. Es una técnica poderosa para una variedad de propósitos, incluyendo la resistencia eréctil (ustedes saben a qué me refiero). Pero el mero proceso de realizar ecuaciones matemáticas estimula el cerebro y lo mantiene ágil.

He aquí un reto matemático divertido y desafiante. Escoge un número cualquiera de 3 dígitos y súmale 3 a ese dígito, tres veces. A continuación, resta 7 a ese nuevo número 7 veces. Por ejemplo, puedes empezar con 100. Luego sume 3 a ese número tres veces diferentes, para un total de 109. Ahora resta 7 a ese número, y hazlo siete veces. Reduce 109 a 102, luego a 95 y así sucesivamente. Recuerda que no vas a declarar tus impuestos, así que los resultados no importan. Lo que cuenta es el ejercicio.

Crea una imagen de palabras. Puede que estés pensando en un tablero de visión, que incluye imágenes de las cosas que esperas conseguir. Con este ejercicio, sólo tienes que visualizar una palabra y luego pensar en otras palabras que empiecen o terminen con las mismas letras. Las *nubes* pueden convertirse en *niños* y en *nueces*. Los resultados pueden sorprenderte.

Prueba comer alimentos nuevos. Comer siempre los mismos alimentos hace que tu cuerpo se estanque. Pero los nuevos sabores excitan tu cuerpo y tu mente. Recuerda que la cocina es un arte, y las artes estimulan el cerebro.

Las artes culinarias son únicas, ya que aportan un tipo de alimento y satisfacción que otras artes no pueden, ni siquiera la mixología.

Prueba la mixología. Hay muchos datos detrás de la suave ciencia de la creación de cócteles. La memoria y el procesamiento son vitales, y hay una satisfacción instantánea en tus esfuerzos. En realidad pueden inhibir tu memoria más tarde, pero nada es gratis, ¿verdad?

Los pasatiempos como dibujar, tejer, pintar o los rompecabezas son una gran manera de mantener la mente aguda e incluso de aumentar las habilidades cognitivas. Un nuevo deporte o actividad física tendrá el mismo efecto, como ya hemos comentado. El esgrima es una buena opción, o las artes marciales. Ambas están arraigadas en la filosofía y en las reglas de combate que pueden solaparse en otras facetas de tu vida. El yoga y la meditación son populares y beneficiosos de muchas maneras.

Prueba ducharte con los ojos cerrados. Utilizarás tus sentidos táctiles para sentir el champú, los jabones y demás. Tu memoria de la ducha guiará tu mano hacia los controles. Pero ten cuidado con este ejercicio. Ten cuidado con los resbalones o con el ajuste de la temperatura del agua.

Cambia tu rutina. No dudes en crear nuevas rutinas si las necesitas para seguir adelante, y mucha gente lo hace. Pero cambia las cosas. La variedad mantendrá tu mente ocupada incluso en las tareas más sencillas.

Dale la vuelta a las cosas. No, no lo digo en sentido figurado. Estás acostumbrado a ver las cosas de una manera determinada, y esto puede crear un letargo mental. ¿Tienes un reloj despertador? Ponlo al revés, literalmente. Tu cerebro será capaz de entender qué números está viendo realmente, y someterlo a ese ejercicio no hará más que reforzar tu capacidad cognitiva. Si hay un jarrón en la mesa del comedor, dale la vuelta. Puede parecer poco, pero hazlo lo suficiente y tu ojo y luego tu cerebro se sentirán atraídos por él.

Cambia de asiento en la mesa. Si se trata de la mesa de la sala de conferencias o de la mesa de la cena, o incluso de un asiento en el aula, tendemos a encontrar un lugar y ceñirnos a él. Pero cambiar de sitio te ayuda a ver las cosas desde una perspectiva diferente, desde el punto de vista de otra persona, y eso refuerza la empatía y una serie de otras piedras angulares de la inteligencia emocional.

La aromaterapia es una técnica poderosa. Los sentidos olfativos son los más cercanos al cerebro y, por lo tanto, tienen los efectos más potentes. Si lo dudas, piensa en esto: ¿recuerda a qué olía el salón de tu infancia? ¿El tabaco de tu padre o los productos de limpieza favoritos de tu madre? Piense en el olor del tocino. Ya está dicho.

Conduce con la ventanilla baja. Bueno, en este caso sería mejor que fueras el pasajero, pero también funciona mientras conduces. Se trata de un ejercicio poderoso porque el hipocampo, que es la zona del cerebro que procesa los recuerdos, también está asociado a los sonidos, los olores y las vistas. Así pues, conduce y trata de identificar los olores por los que pasas: hierba recién cortada, una fábrica de conservas de pescado, un rancho de pollos. Saborea y agradece y experimenta esos olores, malos o buenos.

Prueba esto: llena un vaso con monedas. Luego agita el vaso e intenta imaginar el valor de las monedas. Concéntrate en el peso, en el sonido, en la sensación. Intenta adivinar el valor. Una vez más, puede que no lo consigas, pero no es un juego de medio pelo, es un ejercicio cerebral y debería tener unos beneficios estupendos.

Lee en voz alta. Puede parecer una tontería y una chiquillada, pero en realidad no es tan fácil como parece. A las personas alfabetizadas e inteligentes les cuesta leer en voz alta. El sonido de la voz distrae, la impresión que puede causar la inseguridad, y la doble tarea de leer y hablar puede ser sorprendentemente desafiante. Prueba ahora mismo a leer este párrafo. Adelante, esperaré. Ahora, ¿suena igual que cuando lo lees en silencio? Cuando lo hagas, ¡tus capacidades cognitivas habrán mejorado!

Haz una lista de palabras al azar y luego comprueba si puedes recordarlas. Asegúrate de que sean aleatorias; chaleco, golpe de puños, hombre en llamas, pepino. Cuanto más larga sea la lista, mayor será el reto y mejor será tu rendimiento y tus beneficios.

Imagina un crucigrama. Es una serie de cuadrados, algunos en líneas y otros enfrentados. Ahora, cuenta los cuadrados, pero no sólo los cuadrados individuales; incluye los cuadrados creados por cuatro o más cuadrados en un grupo. ¿Cuántos cuadrados hay?

Aquí hay uno para la parte izquierda del cerebro. Toma la palabra MURO y cambia una letra cada vez hasta llegar a la palabra GIRO. El truco es que cada cambio tiene que crear una palabra real. Por ejemplo, puedes cambiar MURO por MIRO, y luego MIRO por GIRO. Una vez que hayas completado este reto, inténtalo de nuevo con la misma palabra y otra diferente. Convertir MURO en GIRO no será un gran desafío. Convierte GIRO en FARO en su lugar. Se puede hacer. Hazlo. Después, elige otros retos de cuatro o incluso cinco palabras. Sigue haciéndolo, conviértelo en un pasatiempo.

Prueba esto: Con nueve cerillas tienes que formar el mayor número posible de triángulos. No dobles ni rompas ninguna de ellas. ¿Puedes hacerlo? Oye, no se supone que sea fácil, ¡se supone que es un reto!

Aquí tienes una técnica poderosa: Escribe un grupo de letras y números en un papel, pero deja un espacio considerable entre ellos. Empieza por el 1 y dibuja una línea hasta la letra A más cercana. Procede desde ahí hasta el número 2 y dibuja una línea desde ahí hasta la letra B. La B te lleva al 3, que te lleva a la C, y así sucesivamente.

Puedes probar este ejercicio: Mira las palabras de abajo y reordena las letras de cada una para crear palabras para colores comunes. Sólo una de ellas es un color primario.

- ROALMAIL
- ARANJAN
- EVERD
- LETAVIO

¿Qué has conseguido? Sigue intentándolo u observa tus resultados.

El experimento de los proverbios es siempre desafiante y útil. A continuación se muestra un proverbio con todas las vocales eliminadas. Sólo tienes que insertar las vocales correctas para completar el proverbio. Es como la rueda de la fortuna en tu propia casa, y tu premio es una mayor fuerza cognitiva.

- DS
- PRT
- PR
- N
- HRC

Oye, ¡no se supone que sea fácil!

Aquí tienes otro divertido reto de sopa de letras. ¿Cuántas palabras puedes crear con estas letras? ACROTIEM

Aquí tienes un acertijo para ejercitar tu mente y mantener vivas tus habilidades cognitivas:

Un país grande tiene un problema de superpoblación. Por razones socioeconómicas, las familias prefieren tener niños en lugar de niñas, y la mayoría de las familias siguen teniendo hijos hasta el nacimiento de un varón. Si suponemos que existe la misma probabilidad de que nazcan niñas y niños, ¿cuál será la proporción de niñas y niños en este país después de 10 generaciones?

Prueba a comer con palillos. Implica un control motor y crea una gratificación instantánea.

Ahora que hemos estudiado algunas formas prácticas y aplicables de potenciar nuestras habilidades emocionales y cognitivas, vamos a examinar más detenidamente el pensamiento crucial; es fundamental para ambas y clave para tu éxito como verdadero líder.

IV

DESARROLLA TUS HABILIDADES DE PENSAMIENTO CRÍTICO Y UTILÍZALAS

¿POR QUÉ LAS HABILIDADES DE PENSAMIENTO CRÍTICO?

El pensamiento crítico hace hincapié en el análisis y la interpretación. A grandes rasgos, lo que importa no son los hechos, sino su evaluación. Es un proceso disciplinado de conceptualización, análisis, aplicación, síntesis y evaluación de la información. Esta información se genera o se recoge a partir de la experiencia, la observación, el razonamiento, la reflexión y la comunicación.

Dicho de forma más sencilla, el pensamiento crítico permite entender las cosas con mayor claridad y tomar decisiones o creencias más sabias.

El pensamiento crítico no es el pensamiento cotidiano, que suele ser automático. El pensamiento crítico es deliberado. Sin el pensamiento crítico, una persona puede caer en malos hábitos mentales como los que se describen a continuación.

La certeza ignorante, por ejemplo, es la certeza de que cada pregunta tiene una única respuesta correcta. Pero esto no suele ser así en el día a día. Quien cree esto, tiene una mentalidad fija, una mentalidad de crecimiento serviría mejor a todos los implicados, a quien lo piensa en particular.

El relativismo ingenuo, es como la otra cara de la certeza ignorante, la creencia de que todos los argumentos son iguales y que no hay una única verdad o respuesta correcta a ninguna pregunta.

Pero con un pensamiento crítico adecuado, se puede disfrutar de diferentes beneficios.

El pensamiento crítico permite formar opiniones y mantener conversaciones inteligentes. Es crucial para la autoevaluación. Es fundamental para tomar decisiones y evitar las catástrofes en todas las facetas de tu vida.

Quienes piensan críticamente, tienden a comprender las conexiones entre las ideas, a priorizar las ideas y los argumentos, a gestionar los argumentos, a reconocer los errores de razonamiento, a manejar los problemas de forma sistemática y coherente, y a reflexionar sobre sus propios supuestos, valores y creencias.

HABILIDADES DE PENSAMIENTO CRÍTICO

Quienes tienen estas agudas habilidades de pensamiento crítico, están bien preparados para enfrentarse a casi cualquier reto. Pregúntate si existen áreas que podrías mejorar en tu propio pensamiento crítico.

Los pensadores críticos recopilan información. ¿Lo haces tú, o te limitas a improvisar? Los pensadores críticos son observadores, prestan atención a los detalles más pequeños. ¿Pasas o no pasas por alto los pequeños detalles? Hay mucha información ahí fuera, así que no te sientas mal si pasas por alto las cosas pequeñas, entonces desarrolla esa parte de tu pensamiento crítico.

Los pensadores críticos infieren, utilizan la razón y la lógica para resolver problemas de forma creativa. Pueden racionalizar o aplicar la razón a una situación. La razón suele incluir la inducción (información directa), la deducción (información indirecta que lleva a una conclusión) o la analogía (utilizando comparaciones y experiencias previas).

Reflexionan para recalibrar su perspectiva y tomar decisiones relajadas. Crean aunque no sean artísticamente creativos. Los pensadores críticos crean soluciones, nuevos enfoques, análisis perspicaces. ¿Reflexionas y dejas que eso alimente tu creatividad? O solamente tratas de pedalear hasta la meta.

El pensamiento crítico requiere la organización suficiente para clasificar y secuenciar, o para agrupar y ordenar ideas o elementos según características compartidas. Comparan y contrastan con situaciones o circunstancias similares. ¿Eres tan rápido para organizar y compartimentar? ¿Mantienes en mente las lecciones o la información del pasado?

Los pensadores críticos consideran la causa y el efecto y utilizan la previsión. ¿Lo haces tú o te limitas a esperar que todo salga bien?

Los pensadores críticos sintetizan diferentes enfoques e ideas para formar otras nuevas. ¿Aplicas los remedios habituales, o no? Los pensadores críticos también hacen una lluvia de ideas. ¿Te limitas a aplicar la primera idea que te viene a la cabeza, o no? Mucha gente dirá que la primera idea es probablemente la mejor y citará el exceso de pensamiento como razón para seguir el instinto. ¿Y tú? Recuerda, piensa por ti mismo.

Los pensadores críticos priorizan para mantener las crisis en perspectiva. ¿Lo haces tú, o cada crisis es el fin del mundo? El dramatismo no forma parte del pensamiento crítico.

Los pensadores críticos también resumen para asegurarse de que comprenden a fondo el acontecimiento o la situación. ¿Llevas un registro de tus eventos diarios? Quizá deberías hacerlo.

Estas habilidades también funcionan muy bien en combinación, como la mayor parte de lo que hemos estado discutiendo en este libro. Hay mucha superposición, y un tema que aprendimos en un campo de estudio, se conecta con otro.

Antes mencionamos un ciclo de pensamiento crítico, veámoslo más de cerca. Las etapas suelen ocurrir en orden, una tras otra. El ciclo comienza con la observación de la información o anotando los resultados experimentales.

A la observación le sigue el sentimiento, una reacción intelectual a la nueva información. Esto lleva a preguntarse, a sondear las causas o los procesos de un acontecimiento. La gente se pregunta quién, qué, dónde, cuándo, por qué y cómo, entre otras cosas.

La imaginación sigue a esas preguntas, alejándose del pasado (las circunstancias de la causa) y dirigiéndose al futuro.

La inferencia sigue a la imaginación y visualiza los resultados. La imaginación, que también mira al futuro, añade a la pregunta "¿Qué pasaría si...?

El conocimiento es (con suerte) el resultado de la imaginación y la inferencia. El conocimiento procede de la investigación de los datos anteriores para responder a la pregunta ¿Qué pasaría si?

La experimentación sigue al conocimiento y representa la aplicación del conocimiento alcanzado.

La consulta sobre los resultados de la experimentación es lo que sigue y es crucial para el ciclo de pensamiento crítico.

Las consultas pueden llevar a analizar e identificar los argumentos, cuando las consultas pueden ser cuestionadas o se consideran alternativas. Hay que cuestionar y comprender el origen de los argumentos y su finalidad en cada caso.

En la etapa de juicio del ciclo de pensamiento crítico, se emite un juicio basado en el análisis de los argumentos.

La etapa final es la de decisión, en la que se hace una elección y se establece un plan de acción para avanzar.

SIETE FORMAS DE PENSAR CRÍTICAMENTE

Aquí tienes siete maneras de pensar de forma más crítica, ¡empezando aquí y ahora!

En este mundo cada vez más complejo, no debes tener miedo de hacer las preguntas básicas. Es fácil perder de vista lo básico y es vital tenerlo siempre presente. Recuerda que no hay preguntas estúpidas.

También puedes intentar cuestionar algunos supuestos básicos. Es como hacer preguntas básicas, pero a ti mismo y a tu perspectiva.

Sé consciente de cuáles son tus procesos mentales habituales. Intenta evitar los atajos mentales habituales que muchos tomamos, y céntrate realmente en lo que piensas, cuándo y por qué. Quizá quieras llevar un diario de pensamientos para ilustrar los patrones de tus procesos mentales. Es posible que tengas sesgos y prejuicios, que se hacen más evidentes bajo una luz objetiva.

Invertir las cosas es una buena manera de pensar de forma crítica. Desenmascarar un problema si es necesario, o leer algo de abajo hacia arriba para buscar errores. Esto desafía a la mente y evita los atajos mentales perezosos.

Evaluar las pruebas existentes es una buena forma de pensar críticamente. Aprende de casos anteriores, de errores anteriores. Conoce los datos que ya se han recogido. Cuando lo hagas, cuestiona esas pruebas en cuanto a quién las recogió, cómo lo hizo y por qué lo hizo.

Piensa por ti mismo, siempre. La investigación te guiará, pero tus esfuerzos pueden hacer avanzar ese conocimiento recogido.

Aceptar la falibilidad es otra forma de pensar críticamente. Nadie funciona al máximo de su capacidad todo el tiempo, ni siquiera tú. Tenlo en cuenta contigo mismo y con los demás.

El pensamiento crítico y la toma de decisiones suelen ir de la mano. Hay elementos de la toma de decisiones que van de la mano del pensamiento crítico. Ambos implican lógica (una conexión directa o indirecta de causas y acontecimientos), verdad (datos imparciales), contexto (factores y presiones externas) y alternativas (soluciones potenciales).

PENSAMIENTO CRÍTICO EN LA VIDA PROFESIONAL Y PERSONAL

El pensamiento crítico en el lugar de trabajo y en el hogar adopta muchas formas y puede mejorar tu carrera de varias maneras.

El pensamiento crítico te lleva a establecer objetivos claros, saber lo que quieres y cómo hacerlo realidad. Esto incluye saber de qué son capaces los miembros de tu equipo y qué están dispuestos a hacer. Esto es tan cierto cuando se trabaja en un proyecto, como una campaña publicitaria, o cuando se vacaciona con la familia durante la temporada anual de verano, cuando los niños no van a la escuela. Si quieres que la campaña publicitaria se haga a tiempo, ¿qué se necesita? Para mantener a los niños activos y la casa tranquila, ¿qué hay que hacer?

La previsión es fundamental para el pensamiento crítico, y a menudo es necesaria en el trabajo. ¿Y si trasladar un proyecto a otro lugar fuera útil porque la ubicación es más óptima, pero el traslado sacrificaría a algunos de los mejores miembros de tu equipo? ¿Hay algún compromiso o alternativa? Lo mismo ocurre cuando se planifican eventos familiares o vacaciones. ¿Qué pasa si uno de tus hijos se siente mal en el campamento de verano? ¿Y si un hermano se pone celoso de los regalos de cumpleaños que le hacen a otro? Mirar hacia el futuro y prever de los posibles resultados, te llevará a la respuesta.

Consultar con un mentor es una buena manera de pensar de forma crítica en el trabajo. Debe ser una autoridad en tu área de especialidad y con una experiencia de la que tú puedes carecer. Esta es una aplicación primordial del pensamiento crítico y también reforzará vuestra relación. Para los asuntos domésticos, la tutoría también puede ser una herramienta poderosa. Los amigos que hayan tenido hijos antes que tú, o que lleven más tiempo casados, tendrán ideas muy valiosas que compartir.

Los juegos y ejercicios de formación de equipos son una forma estupenda de mejorar la capacidad de pensamiento crítico de un equipo. También es útil para el líder, ya que le da la oportunidad de pensar críticamente y analizar la funcionalidad ejecutiva general del equipo y la de sus miembros. Los juegos y ejercicios también son estupendos para la familia, por las mismas razones. Además, crearán un clima más saludable en ambos ámbitos.

LAS HABILIDADES DE PENSAMIENTO CRÍTICO REVOLUCIONARÁN TU CAPACIDAD DE TOMAR DECISIONES EN CUESTIÓN DE DÍAS...

El pensamiento crítico significa hacer preguntas, pero eso puede ser un arte en sí mismo. Se requiere previsión, al igual que la curiosidad, la observación, la atención plena, muchas de las habilidades que ya has adquirido en este libro. He aquí algunas más relacionadas con el cuestionamiento crítico. Te preguntarás, entre otras cosas, *quién, qué, cuándo, por qué, cómo y qué pasa si.*

Ten en cuenta estos puntos cuando formules preguntas críticas.

- Las buenas preguntas se diseñan con la intención de solicitar información específica. Por lo tanto, deben formularse de forma clara, concisa y con un significado directo. La vaguedad o el subtexto deben evitarse estrictamente en las preguntas críticas.
- Enmarca bien tus preguntas. Sitúalas en el contexto adecuado, asegúrate de que no sean meras declaraciones con signos de interrogación.
- Intenta utilizar preguntas abiertas (*"¿Cómo te hace sentir eso?"*) en lugar de preguntas cerradas que probablemente terminen con un sí o un no (*"¿Te sientes bien?"*).
- Utiliza preguntas de seguimiento y mantenlas también abiertas.
- Cuando hagas estas preguntas, asegúrate de que son las correctas. Para saberlo, contesta primero algunas para ti y asegúrate de algunos puntos clave.
- Asegúrate de que tu propósito sea claro, como hemos dicho, sé específico para obtener la respuesta específica adecuada. En lugar de preguntar si, pregunta cuándo. En lugar de cuándo, sugiere una hora y un lugar y ten preparada una copia de seguridad.
- Las preguntas específicas tienen propósitos específicos; de definición (*"¿Qué significa trabajar duro para ti?"*), comparativos (*"¿Cómo nos superamos?"*), causales (*"Si

hacemos este movimiento, ¿cuáles serán los beneficios e inconvenientes?") y evaluativos ("¿Qué está funcionando y qué no?").

MODELOS DE RESOLUCIÓN DE PROBLEMAS

Existen varios modelos de resolución de problemas, cada uno con su propia construcción específica. Veamos algunos de los más eficaces.

La sencilla *Solución De Problemas En 6 Pasos* incluye estos pasos de solución de problemas fáciles de entender:

Búsqueda de objetivos para identificar el problema y empezar a encontrar la solución. La búsqueda de hechos, recoge datos, la búsqueda de problemas, analiza los datos y la búsqueda de ideas se basa en el problema y los datos. La búsqueda de la solución, establece un nuevo plan de acción, y la búsqueda de la aceptación, avanza a partir de esa solución.

Además, estas seis fases de la resolución de problemas se dividen en tres. Se trata de explorar el reto (búsqueda de objetivos y datos), generar ideas (búsqueda de problemas e ideas) y prepararse para la acción (búsqueda de soluciones y aceptación).

La versión de Yale del modelo Soft Stage Management (SSM), o gestión de sistemas blandos, utiliza seis pasos de acción para la resolución de problemas, una vez más, en orden (la mayoría de estos modelos observan un orden para los pasos o etapas).

Primero se define el problema, luego se determina la causa raíz, después se desarrollan soluciones alternativas, se selecciona una de ellas y se pone en práctica, y luego se evalúa el resultado.

Las decisiones de grandes grupos, la reestructuración a largo plazo y la toma de decisiones comparativa se benefician de este modelo.

El modelo político-económico-social-tecnológico (PEST) se utiliza ampliamente para la toma de decisiones e incluye, como habrás adivinado, la consideración de las influencias políticas, económicas, sociales y tecnológicas en cualquier toma de decisiones. Es una poderosa herramienta para evaluar mercados o estrategias o gestionar cambios a gran escala.

El análisis del modelo FODA, se centra en las Fortalezas, Oportunidades, Debilidades y las Amenazas. Es eficaz para identificar rápidamente los procesos o comportamientos tóxicos o defectuosos y es beneficioso para el brainstorming y la creación de estrategias, así como para la recopilación y organización de información.

Como una de las primeras técnicas sistemáticas para observar los puntos débiles de las organizaciones, el sistema de Análisis Modal de Fallos y Efectos (AMFE) se utiliza a menudo como herramienta de diagnóstico para empresas y otros grandes grupos. El AMFE analiza los elementos de los fallos y sus efectos, para corregirlos en el presente y prevenirlos en el futuro. Se utiliza mucho en las cadenas de fabricación y montaje. Henry Ford fue uno de sus primeros defensores.

Otro modelo basado en anagramas es el CATWOE, que define seis áreas en las que surgen problemas de sistemas blandos. Se trata de los clientes, los actores, la transformación, la visión del mundo, el propietario y el entorno, y centra la discusión de esos elementos en relación con las acciones potenciales. Es eficaz para identificar problemas, aplicar soluciones, así como para organizar y luego alinear diversos objetivos.

Un análisis de causa y efecto, conocido como diagramas de espina de pescado o de Ishikawa, tiene en cuenta cuatro pasos a la hora de evaluar un efecto único para encontrar las posibles causas. Los cuatro pasos incluyen la identificación de un problema, la elaboración de los factores implicados, la identificación de las causas potenciales y el análisis de un diagrama para prepararse para la acción. La categorización y la compartimentación, son fundamentales para descubrir las causas adecuadas y comprender sus efectos.

Si te dedicas a la fabricación, puedes utilizar el modelo de las seis M (que incluye método, material, mano de obra, medición y madre naturaleza). Los que trabajan en el sector de los servicios suelen utilizar el modelo de las cinco "S" según el idioma inglés (que en español serían el entorno, los proveedores, los sistemas, las habilidades y la seguridad).

TEST DE PENSAMIENTO CRÍTICO

Prueba este test de pensamiento crítico y comprueba si puedes reforzar tu capacidad de pensamiento crítico. Las respuestas se incluyen en un segundo conjunto justo debajo de las preguntas.

1) Tienes dos jarras, una de ocho galones y la otra de tres galones, ambas sin marcar. Necesitas exactamente cuatro galones de agua. Suponiendo que hay un grifo cercano, ¿cómo llevas el agua?

2) ¿Qué cantidad se puede añadir a 1.000.000 de manera que la suma sea mayor que si se multiplica por la misma cantidad?

3) 2 padres y 2 hijos atraparon 3 liebres cada uno quedo con una liebre ¿cómo es posible?

4) 5 hermanas están ocupadas. Margarita cocina, Carina juega al ajedrez, María lava ropa y Ana lee un libro. ¿Qué hace la quinta hermana?

5) Estás escapando de un laberinto, y hay tres puertas frente a ti. La puerta de la izquierda conduce a un infierno. La puerta en el centro te lleva a un asesino mortal. La puerta de la derecha te conduce a un león que no ha comido en tres meses. ¿Qué puerta eliges?

6) Resuelve este acertijo:

Un ganso, un pato, un caballo y una cabra entran en un granero en momentos diferentes. El primero es un mamífero. El pato precede al ganso y el ganso precede al caballo. ¿Cuál entró primero?

7) Una mujer se acuesta una noche de verano y se despierta en pleno invierno. ¿Cómo puede ser esto?

Aquí tienes las respuestas:

1) Llena el recipiente de tres galones tres veces, vertiendo cada carga en el recipiente de ocho galones. A la tercera vez, quedará un galón en el contenedor de tres galones. Vacía el contenedor de ocho galones y vierte el único galón del contenedor más pequeño en el más grande. A continuación, llena el recipiente de tres galones y añádelo al único galón del recipiente más grande, para obtener una suma total de cuatro galones.

2) Cero, o cualquier negativo o fracción menor que uno.

3) Eran dos papás: un abuelo y un papá, y dos hijos el niño y el papá. El niño era hijo del papá y el papá era hijo del abuelo, el papá era papa del niño y el abuelo era papá del papá.

4) La quinta hermana está jugando también al ajedrez. Carina necesita jugar, obviamente, con alguien.

5) La puerta del león, porque este estaría muerto después de no comer durante tres meses.

6) La primera en entrar fue la cabra.

7) Estaba en un barco que pasó la línea del ecuador mientras dormía.

¿Cómo te fue? Algunos eran más fáciles que otros, ¿verdad?

Ahora echemos un vistazo a las habilidades sociales, en el corazón tanto del pensamiento crítico como de la inteligencia emocional.

V

CREA MEJORES RELACIONES, PROSPERA EN EL CAMINO ELEGIDO Y CONVIÉRTETE EN EL MEJOR LÍDER POSIBLE

HABILIDADES SOCIALES

Utilizamos las habilidades sociales para interactuar y comunicarnos, verbalmente y también de forma no verbal, utilizando el lenguaje corporal, los gestos y la apariencia personal. Al fin y al cabo, somos criaturas sociales, por lo que la comunicación social no sólo es natural, sino necesaria.

Cuando hablamos, el lenguaje corporal y el tono de voz tienen un gran efecto en la forma en que se transmite el mensaje. Conocer esto y gestionarlo adecuadamente es el núcleo de las habilidades sociales.

Pero al igual que ocurre con todas las habilidades, como la capacidad de liderazgo, la inteligencia emocional y la capacidad cognitiva, las habilidades sociales pueden aprenderse y mejorarse. Así que, si crees que tus habilidades sociales necesitan ser trabajadas, vamos a ello. No hay tiempo que perder.

Entre las ventajas de tener unas habilidades sociales más afiladas se encuentran: mejores relaciones y más cantidad de ellas, mejor comunicación en los negocios y en otros aspectos de tu vida personal, mayor eficacia, mejores oportunidades profesionales y proyectos y mayor felicidad en general.

Las habilidades sociales comparten una serie de características. Por ejemplo, las habilidades sociales están básicamente orientadas a un objetivo. Suelen ser adecuadas a las circunstancias, las diferentes habilidades sociales se utilizan en diferentes situaciones sociales.

El desarrollo de tus habilidades sociales tendrá un valor incalculable en tu carrera. Al fin y al cabo, una gran parte de la red de contactos, tiene lugar fuera de la oficina. Conferencias, almuerzos de trabajo, cenas... todos ellos bordean la línea que separa el ámbito laboral del social. Algunas de las ventajas de tener más habilidades sociales en la carrera profesional son la recopilación de ideas, técnicas, información y perspectivas, la aportación libre de puntos de vista, la colaboración con los demás y la consecución de objetivos comunes, el apoyo mutuo, la ampliación de la red y la obtención de comentarios sinceros.

En la oficina, la mejora de las habilidades sociales también fomentará la interactividad, la creatividad, la eficiencia y un clima de trabajo más saludable. Y dado que el lugar de trabajo es un entorno tan cargado de comunicación, con llamadas telefónicas, correos electrónicos, reuniones y otras cosas, las habilidades sociales son aún más importantes.

Además de las ya mencionadas habilidades de comunicación eficaz, unas buenas habilidades sociales en el trabajo ayudarán a la resolución de conflictos entre los miembros del equipo (o incluso entre tú y un miembro del equipo) y, por tanto, fomentarán la escucha activa, que es clave para la resolución de conflictos. Tu buen ejemplo de habilidades sociales llevará a tu equipo a adoptar lo mismo.

La empatía, otro concepto que nos resulta familiar por la información anterior en este libro, es fundamental para cualquier conjunto de habilidades sociales. Sin ella, puede haber pocas conexiones reales en las áreas sociales, profesionales o familiares de tu vida. Es tan potente en el lugar de trabajo como en cualquier otro sitio.

Las habilidades sociales refuerzan y también fortalecen la gestión de las relaciones. Son una herramienta fundamental para organizar las distintas relaciones en tu vida, y muchas de ellas pueden no ser tuyas sino entre los miembros de tu equipo, en casa entre tus hijos. Aun así, tus habilidades sociales serán clave para gestionar esas relaciones.

Las habilidades sociales proporcionan y engendran respeto, y esto es crucial cuando eres un verdadero líder en el lugar de trabajo o en casa, o cuando sales con la pandilla.

Las formas de mejorar tus habilidades sociales son comparables a los remedios frente a la ignorancia emocional o a la falta de un verdadero liderazgo, lo que probablemente no te sorprenderá. Incluyen la obtención de retroalimentación y tutoría, el establecimiento de objetivos y el estímulo a los demás para que compartan tu compromiso, la identificación de recursos y áreas de mejora o práctica.

El lenguaje corporal es especialmente potente en el lugar de trabajo. La forma en que te comportas, influirá en la forma de comportarse de los demás. Encorvarte y desplomarte, señalar y gritar, gruñir y mirar a tu alrededor con ojos cambiantes y de forma dudosa, tendrá efectos corrosivos. Esto dirá más de ti que cualquier cosa que puedas decir.

LA CONSECUENCIA DE LA FALTA DE HABILIDADES SOCIALES

Carecer de habilidades sociales es, francamente, ser torpe o raro. La torpeza se define, a grandes rasgos, como una especie de sentimiento de vergüenza social, o es una situación que no es relajada sino difícil. Las personas torpes no saben comunicarse con claridad, son retraídas y generalmente no son verdaderos líderes. Suelen carecer de inteligencia emocional, sobre sí mismos o sobre los demás. ¿Eres socialmente torpe? Si lo eres, hay formas de escapar de esto. Echemos un vistazo más de cerca para mejorar tu vida en todos los sentidos. Las personas que son o se sienten torpes suelen sentirse fuera de lugar en casi cualquier situación.

Los signos de eres socialmente torpe incluyen ser evitado por la gente en entornos sociales y evitar a los demás de la misma manera. Las citas van mal y las relaciones íntimas terminan con bastante rapidez. Los círculos sociales son reducidos y tienen un efecto negativo en tu autoestima. Es habitual para los torpes pensar demasiado y preocuparse por la opinión de los demás. Que te llamen raro puede ser común, e hiriente.

Las razones de la torpeza o la incomodidad social, pueden incluir influencias de la infancia. Un padre o un hermano demasiado agresivo puede ser la causa, o unos padres introvertidos que dieron el ejemplo y fueron torpes ellos mismos. La pobreza puede generar inseguridad en la edad adulta, o un patrón de rechazo romántico. Los niños que han crecido en los últimos diez años pueden haber pasado demasiado tiempo en Internet, y la falta de interacción personal, contribuye a su inseguridad y torpeza.

Los trastornos mentales o de conducta también pueden ser culpables. El trastorno por déficit de atención e hiperactividad (TDAH), varios complejos y el trastorno del espectro autista son causas comunes de torpeza o incomodidad social, al igual que el abuso de sustancias y la depresión. Una admiración desmedida por alguien también puede causarla. ¿Quién no se siente un poco incómodo al conocer a su héroe?

Pero la torpeza social se puede corregir. Puedes intentar desarrollar tu confianza, pero ¿cómo hacerlo? Bueno, puedes utilizar muchas de las técnicas que recomendamos en este y otros libros. Utiliza el Método Pomodoro para dividir las grandes tareas en pequeñas tareas con hitos manejables. Prueba cosas nuevas para estimular tu cerebro.

Ten en cuenta que diferentes situaciones requieren diferentes comportamientos y sé flexible, si puedes. Estar incómodo en una cita, puede deberse simplemente a no saber lo que es apropiado. Hoy en día, ¡es difícil para cualquiera! Investiga un poco, reúne tus datos y decide un plan de acción.

La responsabilidad también tiene su lugar. Los que son torpes a menudo sienten que son más responsables de lo que son, no pueden perdonarse a sí mismos. Suelen tener una mentalidad fija que les dice que no pueden cambiar, que están condenados a una vida de aislamiento.

HÁBITOS QUE MEJORARÁN NO SÓLO TUS HABILIDADES SOCIALES SINO TAMBIÉN TUS RELACIONES ACTUALES

Tienes que ser consciente de tu comportamiento si quieres mejorar tus habilidades sociales, como con cualquier otra habilidad. He aquí algunas formas concretas de hacerlo, y prácticamente en poco tiempo.

Ya hemos hablado de ser un oyente activo, así que no debería sorprenderte que aparezca aquí. La escucha activa es una potente habilidad social, sin duda. Da a la otra persona una razón para abrirse, crea vínculos más fuertes y basados en la confianza, y la familiaridad vencerá el nerviosismo de lo desconocido que contribuye a la incomodidad.

Algunas personas se desenvuelven mejor de forma individual, mientras que otras prosperan en una gran multitud. Tal vez de forma contraria a la intuición, los torpes suelen sentirse más cómodos en una multitud, donde pueden sentirse perdidos e invisibles. Otros se sienten intimidados por las grandes multitudes y no saben cómo reaccionar.

Evita la negatividad y las quejas, dos factores importantes para crear una situación incómoda, incluso si no te consideras personalmente incómodo. De todos modos, es un fastidio, así que déjalo.

Recordar los nombres de las personas no sólo reduce la incomodidad, sino que olvidar sus nombres crea una increíble incomodidad por sí misma. Utiliza un dispositivo mnemotécnico para grabar el nombre en tu cerebro. Es una habilidad tan impresionante y rara que cualquiera quedaría impresionado. Demuestra concentración, escucha activa, empatía, todas ellas señas de identidad de la capacidad cognitiva, la inteligencia emocional y el verdadero liderazgo. Asimismo, recuerda sus historias. Causará una impresión aún mayor y mejor por las mismas razones.

Resiste el impulso de hablar demasiado. No te incomodes por los silencios y sientas que tienes que mantener constantemente una conversación. Es un signo seguro de inseguridad, y eso es uno de los principales generadores de torpeza social. Deja que la conversación se recargue, no hay nada malo en ello. Puede que la otra persona empiece a parlotear, y su torpeza social hará que tú parezcas más tranquilo y calmado.

El seguimiento es una buena forma de vencer la incomodidad. A menudo es incómodo ver a alguien a quien nunca devolviste una llamada, y no saber su disposición solo aumenta el nerviosismo y la incomodidad.

Siempre debes saber cuándo retirarte. No te demores. Es una señal de inseguridad. Y cuanto más hables, mayor será la probabilidad de que digas algo incorrecto y te metas en una situación incómoda de la cual, tal vez, no puedas salir. Realmente no puedes tener mucho que decir de todos modos. Observa el viejo adagio del mundo del espectáculo y déjalos con ganas de más.

El amor es la mayor habilidad social, así que demuéstralo. Lo que sea que ames, compártelo. Te dará fuerza, reafirmando y reforzando tu sentido de ti mismo. También es una excelente manera de abrirte, y la familiaridad vence a la incomodidad.

TUS EXPRESIONES FACIALES HABLAN POR TI

Encuentra tu supuesta cara de reposo. No es fácil, porque todos estamos entrenados para poner cara de valiente, para cambiar nuestro comportamiento, incluso este artículo recomienda una sonrisa consciente. Pero debes esforzarte por sentirte cómodo detrás de tu propio rostro sin sonreír, sin fruncir el ceño, sin ninguna emoción en absoluto. Habrá momentos en los que no te emocionarás, después de todo. ¿Cómo te ves entonces? Sea lo que sea, cuanto más cómodo se sientas, más cómodo estarás contigo mismo y con los demás. De lo contrario, es probable que surjan arrugas de rechinar los dientes y / o apretar la mandíbula (llamado bruxismo) y otros resultados peligrosos o poco halagadores.

La investigación del Instituto Nacional de Investigación Dental y Craneofacial indica que más de 10 millones de estadounidenses padecen el síndrome de ATM o síndrome de disfunción de la articulación temporomandibular. Practica varias técnicas de relajación muscular, medita y se consciente de tu lenguaje corporal.

Establece contacto visual con más frecuencia, pero no seas agresivo. Hazlo siempre y cuando corresponda, luego no tengas miedo de retroceder un poco. Eso atraerá el contacto visual de la otra persona hacia ti para volver a conectarse y establecer un contacto más íntimo. Las diferencias culturales afectarán el contacto visual, naturalmente, ya que algunas culturas lo encuentran irrespetuoso y un desafío a la autoridad.

Se ha demostrado que sonreír más a menudo tiene efectos beneficiosos en la perspectiva general de una persona. El acto en sí está asociado a la dopamina y la serotonina, una hormona que estabiliza el estado de ánimo. También es una técnica probada para las ventas telefónicas y las líneas de asistencia técnica, ya que la forma de la boca afecta al tono de la voz. También estarás creando un clima social más saludable, y eso aliviará el estrés y reducirá la incomodidad.

Ten en cuenta los gestos y la gesticulación de las manos. Puedes abrirte y relajarte, pero algunos movimientos de las manos, como meterlas en los bolsillos o retorcer los dedos, son signos seguros de inseguridad y torpeza.

Recuerda que un apretón de manos firme no sólo genera respeto, sino que inspira confianza. Guarda una toalla de papel en el bolsillo si tienes las palmas húmedas.

LAS HABILIDADES SOCIALES Y EL CARISMA SON LAS CLAVES PARA QUE LOS DEMÁS TE VEAN COMO ALGO MÁS QUE EL "JEFE" O EL "GERENTE"

El carisma puede considerarse lo contrario de la torpeza. Es un cierto encanto, un atractivo. Las personas con carisma tienen una influencia sobre los que les rodean. Suelen tener confianza en sí mismos porque están mejor formados o son más hábiles que los demás.

Hay dos tipos distintos de personas carismáticas. Algunas son silenciosas pero seductoras, y su carisma se basa en las miradas, la belleza física o la pura mística. Otros son comunicadores apasionados, pueden ser oradores inspiradores, cómicos, cantantes o actores.

La afabilidad es una constante en ambos casos. Los que tienen carisma son accesibles, aunque no sean extrovertidos.

Intenta calificar tu propio carisma en una escala del uno al cinco (el cinco es el más positivo) en función de estas afirmaciones.

Soy una persona que...

... tiene una presencia significativa en una sala con otras personas

... puede influir en la gente

... puede liderar un grupo

... reconforta a los demás

... sonríe a menudo

... se lleva bien con casi todo el mundo

Ahora suma el total y divídelo entre seis, y esa es tu puntuación media. Si tu puntuación es superior a 4, estás por delante de la mayoría.

Hay ciertas habilidades que componen y contribuyen a esta afabilidad e influencia. Desarrollar la influencia (a través de la presencia, la capacidad de liderar y de influir); tener confianza en diferentes situaciones, ya sea uno a uno o en un grupo, ya sea como líder o miembro de un equipo; ser optimistas y positivos. Las personas carismáticas son persuasivas e influyentes.

Los carismáticos se abren emocionalmente pero de forma comedida, nunca se quejan. Son interesantes e interesados.

Las personas carismáticas suelen ser atractivas, buenas narradoras, ingeniosas, pero no buscan dominar ninguna conversación.

Conocen el valor de la calma, ya que demuestra seguridad y confianza. Se ríen de las bromas de los demás y son libres con sus cumplidos.

Los carismáticos son empáticos y generan confianza.

Las personas carismáticas se comunican con claridad. No balbucean ni murmuran. Así que tómate un tiempo para trabajar tu voz. Al fin y al cabo, es tu método de comunicación más eficaz. Aprovéchala al máximo. Desplázala hacia abajo, hacia el pecho. Puede que te lleve algo de práctica o algunas lecciones, pero puede que te merezca la pena. Desde los abogados litigantes hasta los sargentos, la voz es un poderoso instrumento de carisma e influencia, que es una parte importante del carisma, como ya hemos visto.

LÍDERES CARISMÁTICOS

Los líderes carismáticos son necesarios para nuestras sociedades en todo el mundo. Dirigen movimientos y luchan por los demás, por un mundo mejor. Lideran con valor y convicción. También lideran con compasión por los miembros de su equipo y por sus necesidades y deseos.

Los líderes carismáticos suelen surgir en tiempos de crisis. Dirigen a sus seguidores con un profundo sentido de propósito y pasión. Algunos de los grandes líderes de la historia han sido líderes carismáticos, como Winston Churchill, Ronald Reagan, Mahatma Gandhi, el Dr. Martin Luther King, Jr, Malcom X y muchos otros.

Por otro lado, algunos de los peores y más denostados líderes de la historia han sido igualmente carismáticos, como Adolfo Hitler, José Stalin y Vladimir Putin.

Los líderes carismáticos suelen ser inspiradores e influyentes para los que les rodean, suelen tener una mentalidad de crecimiento, las empresas dirigidas por estas personas suelen avanzar en una dirección clara, con un propósito claro y manifiesto. Suelen ser catalizadores del cambio positivo.

Pero antes de alabar a los líderes carismáticos, piensa en las desventajas de ser o incluso de tener un líder carismático. Son propensos a la arrogancia y la miopía. Tienden a dominar la identidad corporativa y hacer que toda la empresa dependa de ellos y sólo de ellos. Pueden llegar a ser desinteresados y no responder a los demás. Tienden a no aprender de los errores y se consideran por encima de los demás, incluso de la ley. Las transgresiones éticas o financieras son comunes con este tipo de líderes en el mundo corporativo y también en el religioso. Las organizaciones con estructuras rígidas pueden no beneficiarse de este tipo de liderazgo.

TEST DE HABILIDADES SOCIALES

Realiza este test de habilidades sociales para ver si podrías soportar el desarrollo de tus habilidades sociales. Responde en una escala del uno (negativo, o no) al cinco (positivo, o sí):

1. Intento ver los puntos de vista de los demás.

2. Durante una conversación, me siento cuando el otro está sentado y me pongo de pie cuando el otro se pone de pie.

3. A menudo hago o digo cosas que mis compañeros de trabajo y amigos consideran desconsideradas o insensibles.

4. Me dicen que mi comportamiento es a menudo inapropiado.

5. Rara vez pienso en cómo afecta a los demás lo que hago o digo.

6. Siempre explico mis ideas con la mayor claridad posible.

7. Durante las conversaciones, la gente suele notar lo interesado que parezco.

8. En momentos de estrés, me pongo a gritar a la gente.

9. Los amigos y colegas no parecen apreciar mis consejos no solicitados.

10. No me molesto en decir a mis amigos lo mucho que significan para mí. Ellos ya lo saben.

11. Me mantengo al tanto de las novedades de mis amigos, de lo bueno y de lo malo.

12. Cuando me critican, suelo ponerme a la defensiva.

13. Me retraigo cuando no me siento cómodo.

14. Sé que mis amigos tienen defectos, pero los acepto como son.

Es fácil, ¿verdad? Si no es así, sabrás dónde puedes mejorar tus habilidades sociales. Ahora veamos el impacto del liderazgo en todos los aspectos de tu vida.

EL IMPACTO DE UN GRAN LIDERAZGO EN TODAS LAS ÁREAS DE TU VIDA

Todos los años, alrededor del 9% de los estadounidenses que hacen propósitos de Año Nuevo (aproximadamente el 41%) lo consiguen. Pero eso sigue siendo menos del 4% de la población del país que es experta en marcarse objetivos y alcanzarlos. ¿Estás tú en ese exclusivo grupo? Si no lo estás, ¿no te gustaría estarlo? Sigue leyendo y hagamos que eso ocurra.

Como hemos visto, las capas de tu vida se superponen, y las cosas que haces en un área se interconectan con otra cosa en la misma área, con las mismas cosas en diferentes áreas y con diferentes cosas en diferentes áreas. Así que las hemos dividido en categorías para mantener las cosas organizadas.

La primera categoría es la salud. Ser un mejor líder significa ser un líder fuerte, y la fuerza viene de la buena salud. Ya hemos hablado de los llamados alimentos inteligentes y hemos tocado los beneficios del ejercicio, los estiramientos y los hábitos de sueño saludables. Pero la salud física se basa también en una buena salud mental y espiritual.

Algunos consejos y trucos para mejorar la salud incluyen hacer yoga, correr o caminar a diario, una limpieza semanal y un régimen de ejercicios en casa.

Una parte importante de la salud es la espiritualidad. La espiritualidad o la religión han demostrado estar relacionadas con una perspectiva positiva y, en última instancia, con una vida más larga. No importa realmente qué religión o filosofía adoptes. Mucha gente adopta varias religiones o filosofías diferentes o incluso divergentes a lo largo de su vida, y no hay nada malo en ello. Es un signo de una mentalidad de crecimiento, y ya hemos visto que eso es clave para muchas facetas de una vida feliz.

Pero la espiritualidad puede ayudarnos a responder a las preguntas existenciales que tan a menudo nos causan ansiedad. Nos da un sentido de nosotros mismos, una perspectiva de quiénes somos (y quiénes no somos). Por ejemplo, alguien con una vida espiritual sólida tiene menos probabilidades de tener complejo de Dios.

La espiritualidad te dará un buen sentido de la diferencia entre felicidad y placer. La felicidad es un concepto a largo plazo, normalmente relacionado con la consecución de objetivos que merecen la pena. La felicidad favorece la confianza en uno mismo. Tu familia, tu hogar y tu carrera pueden darte felicidad. El placer está relacionado con recompensas a corto plazo, como un orgasmo.

Si estás desarrollando tu espiritualidad, prueba estas prácticas técnicas. Puedes empezar inmediatamente, si lo deseas (pero lee primero las técnicas, por supuesto).

Puedes probar meditar cada mañana, apenas te levantes. Vuelve a hacerlo antes de acostarte. Sólo durante cinco minutos por sesión. Seguro que descubrirás que estás más sintonizado espiritualmente, que tu mente y tu corazón y otros chakras se abren. Incluso puedes pensar en unirte a un círculo de meditación o a una clase de meditación de yoga.

Crea una definición sólida de la espiritualidad y tenla en cuenta. Puede que hayas oído a alguien describirse como espiritual pero no como religioso. ¿Sabes siquiera lo que significa? Deberías saberlo.

Lleva un diario espiritual de los pensamientos espirituales que tienes, cuándo, dónde y por qué. Eso hará que prestes atención a esas cosas cuando se repitan y serás más consciente de ellas. La atención plena y la gratitud son también áreas clave para desarrollar tu espiritualidad.

El entorno es clave para desarrollar la espiritualidad, como lo es para tantas otras cosas. El entorno refleja y afecta a nuestra vida cotidiana. Un entorno desordenado o estresante crea una vida desordenada y estresante. Tal vez quieras incluir alguna iconografía religiosa o espiritual en tu entorno, como cruces, imágenes de Buda, o cualquier cosa que esté en consonancia con tus inclinaciones espirituales.

También puedes considerar la posibilidad ordenar y limpiar en profundidad. Eso es bueno para el cuerpo y la mente, y también para la propiedad. Redecorar puede aportar una sensación de nuevo comienzo y abrir tu mente creativa. Esto incluye muebles nuevos, si puedes hacerlo. La ropa nueva puede ser una buena forma de cambiar tu entorno más inmediato. Sustituye esa ropa ajustada por algo más relajado y cómodo.

El romance es otra parte importante de la vida de la mayoría de las personas, y un liderazgo fuerte es crucial para una vida romántica feliz y saludable. El pensamiento crítico te ayudará a decidir quién merece la pena ser perseguido y quién no. La previsión te ayudará a visualizar cómo podría ser esa pareja. La reflexión te dará tiempo para reconsiderar tu enfoque. El carisma te hará más seguro de ti mismo, y la confianza en ti mismo te hará más carismático. El carisma es un sello distintivo del romance. Por supuesto, las personas torpes se encuentran y se enamoran todo el tiempo, y eso es adorable.

¿Abordas tus romances con integridad, honestidad y claridad? Después de todo, esos son los elementos del verdadero liderazgo. ¿Y no es cualquier romance un esfuerzo de equipo? Por supuesto que sí. ¿Puedes guiar a tu equipo hacia el objetivo a largo plazo del matrimonio, la familia y la felicidad (si ese es tu objetivo a largo plazo)? ¿Controlas tus emociones? ¿Lo hace tu pareja? Puede que conozcas los puntos fuertes y débiles de tu pareja, pero ¿conoces los tuyos? ¿Mantienes un clima saludable cuando están juntos?

Aquí tienes algunos consejos y técnicas que puedes utilizar para crear y mantener una relación romántica sana.

Tengan una cita al menos una vez a la semana. Esto es tan importante para los romances más adelante en la relación, como en el primer momento de una relación. Los nuevos amantes difícilmente puedan establecer una relación significativa sin verse al menos una vez a la semana. Y las relaciones duraderas a menudo necesitan seguir saliendo sólo para mantener vivo el romance en sus vidas. Es una razón más que suficiente. También es bueno para relajarse, reflexionar, planificar acciones, conversar y mucho más.

No dudes en consultar con un mentor mientras estás saliendo con alguien o si estás casado también. Eso es muy constructivo y es una técnica de un verdadero líder.

Vete de vacaciones una vez al año. Si estás saliendo con alguien, aléjate de tu lugar de residencia durante un fin de semana. O viaja al extranjero. Es una experiencia que amplía la vida de ambos como individuos y de la pareja en su conjunto. Les dará recuerdos e historias que compartir con los demás y probablemente los hará apreciar más el uno al otro. Si estás en una situación familiar, tómate estas vacaciones sin los niños. Necesitan tiempo juntos para mantener el romanticismo fuerte y sano. La mayor parte de tu vida en casa está dedicada a los niños, así que cuando no están en su casa es justo tener ese tiempo para ustedes dos.

No dejes de decir "te amo" y dilo todos los días. Eso es comunicación clara, el sello de un verdadero líder. Decir las cosas les da poder. También favorece la mentalidad de equipo y es crucial para un clima romántico saludable.

Limpiar la casa juntos, es una buena manera de establecer un vínculo romántico. Es saludable, es un ejercicio, es un objetivo positivo y compartido que puede dividirse en hitos más pequeños y gratificantes. Encontrar cosas viejas puede traer la nostalgia, un poderoso sentimiento romántico, y estas cosas pueden devolverlos a tiempos más felices o amorosos, resucitando viejos sentimientos.

Y cuando estén juntos, en una cita o actividad, apaguen los teléfonos. Deberían centrarse el uno en el otro. Y el objetivo es alejarse del resto del mundo durante un breve periodo de tiempo, así que ¿por qué llevar el mundo exterior contigo?

La segunda gran área de tu vida es la categoría profesional. Incluye el crecimiento y el aprendizaje, entre otras cosas, todo lo cual se beneficia de verdaderas habilidades de liderazgo, inteligencia emocional y capacidad cognitiva.

Aquí tienes algunos consejos útiles para mejorar tus habilidades de crecimiento y aprendizaje.

Lee más. Existe una gran cantidad de información sobre casi todos los temas (tenemos muchos más libros como éste, sobre temas como la superación del pensamiento excesivo y la procrastinación, la comunicación eficaz para las parejas, etc.). Ponte como objetivo leer una cierta cantidad cada mes.

Asiste a un seminario de desarrollo personal. Hay muchos, y algunos son bastante impactantes. Investígalos en Internet para conocer los testimonios y los temarios, así sabrás por lo que estás pagando. Utiliza tu capacidad de pensamiento crítico antes, durante y después del seminario.

El crecimiento y el aprendizaje se consiguen cumpliendo objetivos. Así que fija algunos objetivos al principio de cada mes y asegúrate de que los alcanzas a final de mes.

Desarrolla tus habilidades de comunicación y exprésate con más confianza en el trabajo. Esta área de crecimiento te ayudará en todas las facetas de tu vida. Practica cómo expresarte con más confianza a través de tu lenguaje.

La música es una herramienta de crecimiento, y la nueva música te abrirá nuevas culturas y estimulará tu creatividad.

La gestión del tiempo es una habilidad de liderazgo fundamental en el trabajo. Practícala e influye en los demás para que hagan lo mismo y así conseguir la máxima eficacia en el trabajo. Considera la posibilidad de llevar un registro de tiempo para ti y anima a los miembros de tu equipo a que lo lleven también. Puedes reservarte el derecho de verlos de vez en cuando.

Las clases, las lecciones y los programas de grado también son formas estupendas de promover el crecimiento y el aprendizaje en el lugar de trabajo.

La escuela es una parte de la vida en la que el crecimiento y el aprendizaje son fundamentales. ¿Estás reteniendo lo que estás aprendiendo, o la información se te cae de la cabeza en cuanto haces el examen? Un verdadero líder retendrá la información para utilizarla para el pensamiento crítico más adelante en la vida. La retención también inspira la curiosidad, otro sello distintivo de un verdadero líder.

Para mejorar tus habilidades de liderazgo, inteligencia emocional y habilidades cognitivas en un entorno educativo, ten en cuenta estos elementos. En primer lugar, establecer relaciones sólidas con los profesores y los compañeros de clase. Son tus mentores, supervisores y compañeros de equipo y también compañeros individuales. Es una gran manera de invitar a la retroalimentación, animar y apoyar a los demás, y lograr objetivos compartidos. Los grupos de estudio son un gran ejemplo de ello cuando se ponen en práctica de forma concreta. Una cosa es llevarse bien, otra es unir fuerzas. Los clubes escolares también son estupendos, por las mismas razones.

No te olvides de hacer descansos, es crucial para tu productividad y bienestar mental. Esto es algo que muchos estudiantes olvidan mientras estudian y se llenan de trabajos y completan un proyecto tras otro. La vida de un estudiante es muy agitada, llena de deseos, metas, tareas y distracciones. Hay que tener la suficiente autodisciplina para darse un tiempo de reflexión y relajación.

La gestión del tiempo también es crucial para los estudiantes, por la misma razón. Reducirá el estrés y la ansiedad y dará lugar a un rendimiento más productivo y eficaz. Utiliza un calendario, como un planificador diario, para mantener tus tareas y tu tiempo bien organizados.

Si todavía no estás en la universidad, tenlo en cuenta como objetivo y establece hitos para conseguirlo. Completar las clases, sacar buenas notas y realizar actividades extracurriculares son los hitos que conducen a la aceptación en la universidad, aunque también querrás considerar la posibilidad de obtener subvenciones y becas, ahorrar dinero y deshacerte de las cosas que no necesitas para poder viajar de forma ligera.

Los intereses económicos son una parte importante de cualquier vida profesional, y las habilidades de un verdadero líder son cruciales para gestionar con éxito esos intereses. He aquí algunos buenos consejos a tener en cuenta.

Intenta ahorrar dinero para emergencias. Esto no es fácil, y un número aterrador de estadounidenses no tiene ningún ahorro significativo. Esto no sucederá por sí solo. Establece un calendario de cuánto ahorrar mensualmente, crea una cuenta de ahorro especial, asegúrate de no retirar de ella ni cambiar las cantidades de los depósitos. Haz un plan y cúmplelo.

Las deudas, sobre todo las de las tarjetas de crédito, son una auténtica sangría. Un verdadero líder sabe que los tipos de interés hacen que las deudas de las tarjetas de crédito se prolonguen durante años, y esto puede causar estrés, ansiedad y obstaculizar otros esfuerzos. El mal crédito también es una fuente de estrés y ansiedad y reduce drásticamente las posibilidades de éxito de cualquier persona como verdadero líder.

Es difícil encontrar trabajo, pero busca uno que te pague tus gastos. Hay trabajos de servicios abiertos a los estudiantes, y después hay puestos de ventas y de gestión, trabajos en ingeniería. No obtengas tu licenciatura y luego vayas a ser actor, a no ser que eso te pague las facturas.

La tutoría de un asesor financiero va a ser muy beneficiosa para ti más adelante, y es otro rasgo distintivo del verdadero liderazgo. Un asesor te ayudará a conseguir y mantener un patrimonio neto positivo, y eso no es tan fácil como parece. Probablemente tu préstamo estudiantil ya te ha puesto en números rojos, como se dice.

Analiza y entiende tus ingresos y egresos. Vigila estas cosas de cerca. No basta con gastar lo menos posible mientras ahorras lo que puedes.

La atención y un plan específico son las formas de gestionar con éxito tus finanzas como un verdadero líder.

Gestiona el flujo de caja con un presupuesto detallado basado en tus ingresos y gastos.

Acumula capital, que es el dinero que queda después del flujo de caja.

Mantener la seguridad familiar como prioridad. Esta es la fuente de muchos gastos imprevistos y también son gastos necesarios. Los seguros son necesarios para mantener la seguridad de la familia, incluyendo las pólizas de seguro médico, de automóvil, de vivienda y de vida. La seguridad familiar requiere prácticamente de todos ellos.

La inversión es un pilar de la gestión financiera. Las acciones, los bonos y los metales preciosos son formas populares de invertir, cada una con sus puntos fuertes y sus puntos débiles. Las acciones son fáciles de comprar y vender, pero son volátiles. Los bonos son estables pero no hacen mucho por aumentar el capital. Los metales preciosos son costosos de comprar y almacenar y pueden ser inestables. Las monedas digitales, como el Bitcoin, son inversiones muy populares hoy en día. Una vivienda es, por lo general, la mayor inversión que hará una persona, pero algunos cuestionan el valor de la propiedad de una vivienda. Hay grandes costes asociados (tasas, seguros, mantenimiento), es un bien difícil de liquidar y en gran medida no es líquido. Una casa no da dividendos y está sujeta a los flujos del mercado. Sin embargo, una casa puede refinanciarse y es un activo sólido, lo que también es importante para una buena planificación financiera. Los coches y los barcos también son activos, al igual que las pólizas de seguro de vida.

El verdadero líder tiene en mente un nivel de vida cuando planifica sus finanzas. Esto se asocia a los ingresos y gastos y a la elaboración de un presupuesto, pero tiene que ver con algo más que con ahorrar hasta el último céntimo. Se trata de aprovechar al máximo cada céntimo.

Un verdadero líder tiene un conocimiento financiero del hogar y del lugar de trabajo y toma mejores decisiones basándose en esa información. Eso incluye el seguimiento de los presupuestos de los proyectos, el rendimiento anual de la empresa, el control y la presentación de las declaraciones fiscales del hogar, etc. Se recomienda elaborar un plan financiero para ambos, a fin de evaluar y preparar los objetivos a largo plazo.

En el lugar de trabajo, el trabajo en equipo y el verdadero liderazgo son esenciales. He aquí un buen ejercicio para promover el trabajo en equipo, la autoconciencia y otros elementos de un lugar de trabajo saludable. Reúne a tu equipo y dale a cada uno un papel. Pídeles que escriban su mayor fortaleza dentro del equipo en la parte superior del papel. Ten en cuenta que un buen equipo se compone de diferentes talentos que sirven para diferentes propósitos. Una persona puede escribir "analítica" en su papel, por ejemplo.

Ahora pega estos trozos de papel en la espalda de los miembros del equipo que los han rellenado. A continuación, pida a los demás miembros del equipo que escriban cosas que expresen o expliquen la característica proclamada por la persona. La persona que ha escrito "analítico" puede encontrar que otros han añadido "detallista" o "reflexivo" o "reflexiona mucho". Todos esos son comportamientos asociados a la característica detrás de analítico.

Es un buen ejercicio de equipo, proporciona cierta objetividad e inspira empatía ya que te anima a considerar las perspectivas de otras personas. Apoya el sentido de sí mismo y la sensación de aceptación. Pruébalo.

La tercer área significativa de tu vida es la personal e incluye a la familia y los amigos.

Un verdadero líder mantiene relaciones sólidas con su familia y amigos. En primer lugar, consideremos las similitudes entre ser un verdadero líder en casa y ser un verdadero líder en el trabajo. Ya hemos tocado este tema, pero vamos a concretarlo aquí. Los paralelismos entre dirigir un equipo en el lugar de trabajo y una familia (que también es un equipo) son sorprendentes, y requieren prácticamente el mismo conjunto de habilidades.

La disciplina es crucial para dirigir adecuadamente tanto un equipo de trabajo, como una familia. No es que esto deba ser un enfoque autoritario, aunque puede serlo. Recuerda que diferentes situaciones pueden requerir diferentes estilos de liderazgo. Y habrá momentos, en los que un enfoque democrático será el mejor, y otros en los que el laissez-faire será el enfoque más sabio. Pero no querrás dejar que los miembros de tu equipo o tus hijos se comporten mal sin ser disciplinados. Las correcciones deben ir acompañadas de explicaciones, claridad y empatía, pero las normas deben cumplirse. En cada caso, esto puede significar códigos de vestimenta y de conducta y lenguaje aceptables.

La responsabilidad también es fundamental tanto en el trabajo como en la familia. La puntualidad, los plazos, el comportamiento; todas las cosas por las que cualquier persona en el lugar de trabajo o en casa debe rendir cuentas. Esto también es válido para el líder.

El elogio también es muy valioso en ambos ámbitos, para los miembros de tu equipo, los compañeros de trabajo, los supervisores, los cónyuges y los hijos. Demuestra apoyo, empatía, fomenta la comunicación abierta, la inteligencia emocional y tiene muchos más beneficios.

El respeto también es crucial para dirigir una familia o un lugar de trabajo. Hay que respetar a las autoridades, pero éstas deben respetar la humanidad de quienes están bajo su mando. Hay que respetar los plazos y los protocolos, ya sea en la mesa de reuniones o en la de la cena. Respeta a tus compañeros de trabajo y respeta a tu cónyuge. Incluso si no albergas respeto, es fundamental que lo muestres. Ser irrespetuoso con cualquier persona es un signo de falta de autodisciplina y es un rasgo de un líder sólo de nombre, no un verdadero líder.

La moderación también es clave para los verdaderos líderes y para los equipos que estos dirigen. Ya sea en un equipo de trabajo o en una familia, hay que limitar los arrebatos emocionales, controlar el lenguaje corporal, ser consciente de las propias debilidades, evitar los desencadenantes y modificar el comportamiento. Los verdaderos líderes enseñan esto con el ejemplo. Del mismo modo, la falta de contención se contagiará al equipo o a la familia y creará una serie de comportamientos negativos y contraproducentes, como discusiones, cotilleos, puñaladas por la espalda y resentimiento.

La visión y la estrategia son fundamentales para el éxito del liderazgo en el trabajo y en el hogar. Debes conocer cuáles son tus objetivos y cómo alcanzarlos, a corto y a largo plazo. Expresa claramente los objetivos específicos y sigue los plazos en ambos casos.

Se participativo y directivo. No basta con dar instrucciones. Como hemos visto, es importante trabajar con tu equipo, ser visible y accesible. Lo mismo ocurre en el hogar. Ayuda a tus hijos con los deberes y los proyectos, sirve de mentor a tu cónyuge o colabora con él en la resolución de problemas. Utiliza el pensamiento crítico y otras habilidades cognitivas.

La motivación y la inspiración son fundamentales, tanto en los proyectos de equipo como en los asuntos familiares, al igual que una actitud positiva y la flexibilidad. Ambos ámbitos pueden ser caóticos y requerir un pensamiento rápido y una respuesta mesurada.

La confianza que generas siendo una persona íntegra, es fundamental tanto en la familia como en el trabajo.

La determinación y el compromiso son comunes tanto en el trabajo como en el hogar. Ambos presentarán desafíos, pero no puedes abandonar tu trabajo tan pronto, como tampoco puedes decirle a tu mujer que vas a salir a comprar cigarrillos y no volver nunca más. En primer lugar, los verdaderos líderes no deberían fumar, existen innumerables razones para no hacerlo; no es saludable y da un mal ejemplo. Pero sobre todo, tu equipo, tus clientes, tu cónyuge y tus hijos dependen de ti. Un verdadero líder se mantiene firme y avanza, no se retira ni abandona el campo y abandona a sus tropas.

En cuanto a tu familia y amigos en particular, pregúntate: ¿te estás comunicando con ellos? ¿Muestras empatía ante tus retos y dificultades? Hoy en día las familias están más desunidas y desesperadas que nunca, y es necesario un esfuerzo concertado para salvar las distancias.

He aquí algunos consejos y trucos para mantener fuertes los vínculos entre tú y tus amigos y familiares.

Llámalos, o visítalos si puedes. Olvídate de los mensajes de texto y el correo electrónico, nada supera el toque personal en estos casos. ¿Qué, nunca llamas a tu madre?

Escucha activamente, muestra empatía, no interrumpas.

Dedica más tiempo a tus hijos, enséñales técnicas de autodefensa si las conoces, o cómo enfrentase a los acosadores. Eso es constructivo, positivo y será una experiencia de unión.

La diversión y el ocio son partes importantes de la esfera personal de tu vida. Sin embargo, a menudo se descuidan en la vida de la mayoría de la gente, con todo el trabajo duro y los esfuerzos por tener éxito. Así que tómate tiempo para divertirte, para alejarte de la rutina. Es bueno para tu cuerpo, tu mente e incluso tu alma.

Si buscas algunos consejos y técnicas útiles, has llegado al lugar adecuado. Considera la posibilidad de aprender una manualidad; cómo pintar, trabajar con arcilla, algo divertido y táctil. Recuerda que no hace falta que se te dé bien, y menos al principio. Querrás desarrollar tus habilidades como lo harán todos los verdaderos líderes, pero lo más importante es disfrutar del proceso y cosechar los beneficios de la relajación, la estimulación cognitiva y la satisfacción personal.

Ya hemos hablado de las vacaciones, y vale la pena repetirlo aquí. Las vacaciones están diseñadas para ser divertidas y sólo divertidas. No tienes que ser productivo todo el tiempo y no deberías tener que serlo. Las culturas de todo el mundo incluyen el tiempo de vacaciones (Estados Unidos es uno de los pocos países que no obliga a pagarlas). Y hay mucho para ver: el Gran Cañón, la ciudad de Nueva York, la selva amazónica.

El deporte es una forma estupenda de divertirse. Además, tiene otros beneficios, como la mejora de la salud física, la mejora de la coordinación entre manos y ojos, la mejora de las habilidades del trabajo en equipo y la satisfacción personal. Los estudios demuestran que los niños que participan en deportes de equipo tienen más éxito cuando son adultos.

Un viaje por carretera al azar es ideal para pasar un buen rato. La espontaneidad excita el cerebro y rompe la rutina. Estimula la curiosidad, introduce nuevas personas y cosas nuevas a tu vida, nuevas ideas y nueva información que se utilizará más tarde. Es genial para la reflexión y la evaluación, todas ellas verdaderas habilidades de liderazgo.

Aprender a cocinar es una forma estupenda de divertirte como un verdadero líder. Es más sano que comer comida preparada, implica concentración y atención en la nueva información, retención, análisis, planificación. Es una actividad creativa, requiere curiosidad, proporciona una gratificación inmediata, estimula un mayor crecimiento. Es como pintar, pero con comida.

La comunidad también forma parte de tu vida personal. Además de tu familia, tus amigos o tu pareja, tienes toda una red de apoyo de profesionales médicos y jurídicos, asesores, proveedores de servicios, caras conocidas y otras personas que forman tu comunidad. También incluye a personas que no conoces, como los niños de la escuela primaria local o los indigentes de la calle. Un verdadero líder es consciente de su comunidad y sabe cómo mantener un clima saludable y una comunicación clara.

Considera la posibilidad de pagar la compra alimentos de alguien, si eres capaz y esa persona lo necesita. Estarás mostrando empatía y disfrutando de la satisfacción de haber ayudado a alguien. Si un amigo tiene problemas, ayúdale de la misma manera. Nunca lo olvidarán. ¿Y quién sabe? Puede que tú necesites el mismo tipo de ayuda en algún momento.

Lleva siempre un regalo. No tiene por qué ser grande ni caro, una botella de vino o una planta de interior, un ramo de flores, un CD de música que creas que les va a gustar.

El trabajo voluntario se menciona a menudo en este libro, y es una gran manera de ejercitar tus verdaderas habilidades de liderazgo, así como tu inteligencia emocional y tus habilidades cognitivas, incluyendo el pensamiento crítico. Te permite practicar la compasión, utilizar la capacidad de análisis, la actividad física, la interacción social y la escucha activa.

Es fácil ver cómo estas áreas se superponen, cómo las habilidades en un área son útiles en otra. La vida es compleja y agitada, pero conocer la consistencia de estos enfoques en varias partes de tu vida hará que cada una sea menos complicada y más fácil de manejar. El dominio de estos conceptos en un área te ayudará a dominarlos en otra. Y serás un mejor ejemplo para más personas, creando climas más saludables y equipos más productivos, en el hogar o en el lugar de trabajo.

Ahora vamos a profundizar en las habilidades de liderazgo en el delicado (y a veces no tan delicado) ámbito del romance.

LIDERAZGO Y ROMANCE

En el mundo actual del #metoo, casi parece ofensivo pensar en el liderazgo en el romance. Tiene ecos de perspectivas machistas pasadas de moda. Y eso es razonable. No entramos en las relaciones para liderar y, por lo general, buscamos a quienes sean superiores a nosotros o, al menos, nuestros iguales y no a algún seguidor. Queremos ser animados tanto como animar. Queremos crecer tanto como ayudar a otro a crecer. En general, buscamos una pareja fuerte, física e intelectualmente, y eso es independiente del género. Los hombres están instintivamente preparados para buscar mujeres que puedan criar hijos fuertes, sanos e inteligentes, y eso requiere genes fuertes e inteligencia de ambos padres. Cada uno necesita que el otro sea capaz, con fuertes habilidades cognitivas e inteligencia emocional. Esas cosas son cruciales para una relación romántica, como hemos visto.

Ahora vamos a analizar seriamente cómo interviene el liderazgo en las relaciones, cómo puede afectarlas para bien o para mal, y cómo utilizar tus habilidades de liderazgo en el ámbito del romance.

Recuerda que una pareja romántica es un equipo, con objetivos compartidos a largo plazo (con suerte) y retos a corto plazo, que puede enfrentarse a dificultades inesperadas. Por lo tanto, una pareja necesita realmente un liderazgo como el de cualquier otro equipo. Una diferencia clave es que, en una pareja sana, no hay un líder claro. En una buena pareja, la pareja lidera.

El liderazgo sigue incluyendo las mismas cosas, como la atención y la evaluación, la retroalimentación y la lluvia de ideas, la planificación y la toma de medidas, etc. Pero una buena pareja hace estas cosas conjuntamente. Ambos miembros de la pareja son los líderes y el equipo.

Es difícil recalcar esto lo suficiente. Cualquier pareja con un desequilibrio de poder acabará sucumbiendo a los resentimientos, las rebeliones, la falta de comunicación, la deshonestidad y, tal vez, el engaño. Cuando el poder está gravemente desequilibrado, los resultados pueden ser el abuso, la depresión, el abuso de sustancias, la muerte prematura y el suicidio.

Pero los secretos de una relación sana, feliz y duradera, son básicamente las mismas cualidades que hacen a un buen líder (o, en este caso, a un par de colíderes).

Algunos expertos no están de acuerdo en que las facetas más importantes de una relación exitosa sean el bienestar financiero, los valores compartidos, la etnia o la religión. Las buenas habilidades de comunicación están por encima de todo eso, y esa es la base del verdadero liderazgo.

Por supuesto, el género tendrá cierta influencia en varias facetas de cualquier relación íntima. Los expertos nos dicen que, en general, a muchas mujeres, les gusta sentirse apreciadas. Les hace sentirse respetadas. Los hombres, según ellos, prefieren ser respetados, lo que les hace sentirse apreciados.

Aun así, todo el mundo quiere que le traten bien, y en eso consiste el verdadero liderazgo. Comienza con una comunicación clara. Sé capaz de expresar tus necesidades y deseos de forma concisa y evitando la vaguedad. Escucha activamente y muestra empatía al salir. Sé capaz de evaluar, analizar y aceptar opiniones. Tomar decisiones meditadas en el momento oportuno.

Una técnica de liderazgo que funciona a la perfección para construir relaciones es llevar un diario. Anota tus citas, tus experiencias, ve si puedes identificar patrones en tu comportamiento o en el de tu pareja. ¿Cómo puedes seguir provocando un buen comportamiento y evitar las respuestas negativas? ¿Qué es lo que te provoca en tu pareja?

Otro paso fundamental es considerar tu técnica de liderazgo, como ya hemos comentado antes en este libro. Puedes volver a leerlo si quieres, yo espero.

Bienvenido de nuevo. De todos los estilos de liderazgo, el líder servidor es probablemente el más adecuado para un romance. El líder que busca sacar lo mejor de su equipo, proyecto y empresa, es también el compañero que quiere sacar lo mejor de su pareja, su relación y su vida. Este estilo infiere confianza y seguridad en tu pareja, y eso hará que te ganes su confianza e inspires su seguridad. Tu pareja reflejará ese comportamiento y te tratará de la misma manera, ofreciendo su respeto y confianza en ti. Con esta confianza, el liderazgo puede ser compartido por dos socios por igual. También puede pasar de uno a otro dependiendo de la situación. Algunas circunstancias pueden requerir los puntos fuertes o las experiencias de uno de los miembros de la pareja, mientras que otras circunstancias pueden requerir la perspectiva única del otro miembro. Una vez más, es fundamental evaluar los propios puntos fuertes y reconocer los débiles, al tiempo que se reconocen los puntos fuertes del otro miembro del equipo. Ese es otro rasgo distintivo del verdadero liderazgo.

Una técnica de liderazgo que puede no funcionar tan bien en las citas, es la del registro del tiempo. La gestión del tiempo es esencial para la gestión productiva del lugar de trabajo y la consecución de objetivos. Pero las relaciones no se pueden poner en un reloj de tiempo. Una buena relación debe desarrollarse en su propio tiempo, a su manera.

Echemos un vistazo a algunos mitos acerca de los romances y los tiempos.

Nunca Llames Al Día Siguiente. Es una regla terrible. La idea es que no quieres parecer necesitado o pegajoso. Pero no llamar también envía el mensaje de que no estás interesado. No te importan los sentimientos de la otra persona y te centras en los tuyos. Ese tipo de egoísmo y falta de empatía es un liderazgo sólo de nombre; no es un verdadero liderazgo. Esperar también es un juego de lo más bajo. Si te gusta la persona o lo has pasado bien, llámala.

Los mensajes de texto pueden ser suficientes o no. Si has tenido una cita divertida y te gustaría volver a quedar, un mensaje de texto puede ser suficiente. Al fin y al cabo, es una forma de tener en cuenta el tiempo y la atención de la otra persona. Si es la primera vez que tienen relaciones sexuales, un mensaje puede parecer frío y despectivo. Recuerda que los mensajes de texto y los correos electrónicos, carecen del matiz de la voz humana, y eso puede marcar la diferencia. Hablar es una forma de comunicación mucho más clara, siempre que seas directo con lo que dices. Una vez que hayas tenido relaciones sexuales más de una vez, un texto bonito o incluso un texto sexual (o sext) puede ser divertido y perfectamente apropiado.

Deberías Tener Sexo En La Tercera Cita. Aquí podría haber algo de sabiduría práctica. Si esperas demasiado para dar un paso, tu pareja puede hacerse a la idea de que no estás interesado o de que te falta confianza en ti mismo. Esto crea una situación incómoda que destruye el carisma, que puede ser lo que atrajo a tu pareja en primer lugar. Dado que es lo primero en lo que se fija la gente, esto es bastante probable. Y tu carisma depende de la falta de incomodidad. La falta de intimidad puede convertirse rápidamente en el elefante en la habitación, y ese elefante puede no dejar espacio suficiente para ambos socios. Uno de ellos seguramente se irá.

Por otro lado, algunas personas tienen problemas de confianza o pasados dolorosos que hacen que tres citas se sientan apuradas. Entra en juego la capacidad de liderazgo, que consiste en hacer preguntas sin culpar ni avergonzar ni juzgar, escuchar activamente, acoger y ofrecer comentarios, tomar nota de cómo te sientes, reflexionar y decidir un plan de acción. Significa responder intelectualmente y no reaccionar emocionalmente.

Algunas personas padecen un trastorno de estrés postraumático (TEPT) o bloqueos psicológicos que deben ser atendidos por un terapeuta capacitado. Aquí también puedes utilizar tus habilidades de liderazgo. Presta atención al problema, analiza la información, fomenta los comentarios sobre la posibilidad de recibir terapia, resuelve los problemas de qué tipo, consulta a un mentor y elabora un plan de acción para ir a terapia si es lo que se requiere. En cualquier caso, las habilidades de liderazgo te llevarán a una resolución constructiva.

Pero el hecho es que no todo el mundo va a estar listo para caer en la cama, por diferentes posibles motivos. Si ese es el caso, las habilidades de liderazgo serán justo el conjunto de habilidades adecuadas para ayudar. Utilízalas, junto con estas técnicas, para introducir la intimidad, sin dejar de complacer a una pareja indecisa.

Dense una ducha juntos. No para tener sexo, sólo para estar desnudos uno frente al otro. Gran parte de la intimidad reprimida se debe a la vergüenza por la forma y el tamaño del cuerpo, y por diversas imperfecciones. Una persona puede tener un trastorno de dismorfia corporal (TDC) o dismorfia corporal inversa, que distorsiona la visión de su cuerpo. Una ducha sencilla y relajante lo revela todo en un entorno cómodo (que además es bastante sensual). Acariciarse mutuamente, enjabonarse. No te preocupes por tener relaciones sexuales (eso es mucho más difícil en una ducha de lo que te han hecho creer).

Otra fuente de incomodidad íntima es la ansiedad por el rendimiento. Esto puede ocurrirle a los hombres por cualquier número de razones, tanto fisiológicas como psicológicas. Ducharse no es un acto sexual, así que el rendimiento no debería ser un problema. Es sólo una presentación física e íntima del otro. Volveremos a este tema, pero pasemos a otras formas de facilitar a tu pareja indecisa, una intimidad más profunda.

Los masajes sensuales, o incluso un buen masaje de tejido profundo, son formas estupendas de introducir la intimidad física de forma comedida. Además de introducir la intimidad física, la terapia de masaje tiene todo tipo de beneficios físicos:

- Alivio del estrés

- Alivio del dolor postoperatorio
- Reducción de la ansiedad
- Reducción del dolor lumbar
- Reducción del dolor de la fibromialgia
- Reducción de la tensión muscular
- Mejora del rendimiento en el ejercicio físico
- Alivio de las cefaleas tensionales
- Mejora del sueño
- Alivio de los síntomas de la depresión
- Mejora de la salud cardiovascular
- Reducción del dolor de la osteoartritis
- Disminución del estrés en pacientes con cáncer
- Mejora del equilibrio en adultos mayores
- Disminución del dolor de la artritis reumatoide
- Ayuda con los efectos de la demencia
- Aumento de la relajación
- Disminución de la presión arterial
- Disminución de los síntomas del síndrome del túnel carpiano
- Ayuda con el dolor de cuello crónico
- Reducción del dolor articular
- Disminución de la frecuencia de las migrañas
- Mejora de la calidad de vida durante los cuidados paliativos
- Reducción de las náuseas debidas a la quimioterapia.

También es genial para la intimidad física. Hace que tu pareja perciba tus sensibilidades, tus instintos. Es un tiempo positivo que pasan juntos, con un objetivo compartido, e incluso puede aumentar vuestros sentidos espirituales también. Además, se siente muy bien. ¿A quién no le gusta dar o recibir un buen masaje?

Hablar sucio también es una técnica poderosa. Verbalizar las cosas les da poder, y hacer esto le da al hablante cierto poder también. Demuestra interés y confianza y también infunde confianza. Excita los sentidos y la imaginación. Es algo que sólo hacen quienes tienen intimidad, y que ayuda a identificar sus emociones (¿lo recuerdas?) y a expresarlas. Y si quieres una comunicación clara y directa de tus deseos y expectativas, otro sello de liderazgo, no encontrarás nada mejor que el hablar sucio.

Algunas personas son reticentes a intentarlo y, por supuesto, no siempre es del todo apropiado. Yo no lo soltaría en la mesa de Acción de Gracias con toda la familia alrededor, pero podría susurrarlo en el pasillo cuando no haya nadie más.

Pruébalo... ¡nunca lo sabrán!

El coqueteo es un elemento fundamental en las citas, y es algo que debes seguir haciendo, especialmente si hay problemas de intimidad. Al fin y al cabo, el lenguaje corporal dice más que las palabras. Demuestra tu interés en lugar de limitarte a expresarlo.

Curiosamente, una escapada romántica puede no ser la mejor opción para un avance íntimo. La presión puede ser demasiado grande y la persona puede sentirse más cómoda en un terreno conocido.

Es posible que quieras adoptar un enfoque de mando, jugar el papel de un líder autoritario. Dirige a tu pareja para que cumpla tus deseos. O puedes insistir en que tu pareja lo haga y luego ser complaciente. Al fin y al cabo, el poder es un poderoso afrodisíaco.

Meditar juntos es una buena forma de relajarse y reducir la ansiedad, y tendrá todos los beneficios mentales y físicos. Si eliges a la otra persona como centro de atención, utilizarás la atención y la empatía, dos rasgos distintivos del verdadero liderazgo.

Comparte tus fantasías. Muchas rarezas sexuales nacen del fetichismo. Pero mucha gente se pone nerviosa al compartir esta información. Es algo que generalmente sólo conocen las personas con quienes tenemos intimidad. Pero somos más vulnerables con quienes tenemos intimidad, que con cualquier otra persona. Es la persona ante la que nos desnudamos, es la medida de la capacidad y la valía como amante y compañero. Ya es mucha presión. Pero si una persona no está segura de la aceptabilidad o compatibilidad de su fetiche, es probable que no lo exprese por miedo a ser juzgada y rechazada. Sin embargo, los fetichistas suelen necesitar ese fetiche para funcionar sexualmente. Esta falta de comunicación crea presunciones, suposiciones, un espiral de incomodidad y distancia, que puede destruir un romance en sus inicios.

Lo trágico es que la mayoría de los fetiches son bastante comunes, y una pareja fetichista puede parecer incompatible si este tema nunca sale a relucir.

Así que no tengas miedo de preguntar o declarar (ambas son verdaderas cualidades de liderazgo). Sé honesto, ten integridad. Debes saber quién eres y tener confianza en tus normas y tu ética. Si tu pareja no puede soportar tu fetiche (o al revés), probablemente haya una incompatibilidad sexual que no se puede superar. Pero podrían seguir siendo amigos. Es otro ejemplo en el que tus habilidades de liderazgo, de comunicación clara y autoconciencia, son inestimables para tus romances.

Ahora volvamos a echar un vistazo al trastorno de la disfunción eréctil. Puede estar causada por el nerviosismo, y una buena ducha caliente puede hacer que los dos miembros de la pareja superen esa dificultad inicial. ¿Pero qué hay de las otras causas y efectos?

La disfunción eréctil (DE), es decir, la incapacidad de lograr o mantener una erección, puede estar causada por una serie de factores neurológicos, como problemas en los sistemas endocrino, vascular y nervioso.

La disfunción eréctil puede ser sintomática del envejecimiento, pero no es un resultado necesario del mismo. La DE se trata a cualquier edad.

Algunas enfermedades y afecciones que pueden causar disfunción eréctil son las enfermedades de los vasos sanguíneos y del corazón, la diabetes de tipo 2, la aterosclerosis, la enfermedad renal crónica, la hipertensión arterial, la enfermedad de Peyronie, la esclerosis múltiple (EM), el cáncer de próstata y su tratamiento, las lesiones de la médula espinal, la vejiga, la próstata, el pene o la pelvis y la cirugía de vejiga.

Algunos medicamentos pueden causar disfunción eréctil, como los medicamentos para la presión arterial, los antidepresivos, los antiandrógenos (utilizados en el tratamiento del cáncer de próstata), los tranquilizantes y sedantes con receta, los medicamentos para la úlcera y los supresores del apetito.

Como ya hemos mencionado, los factores emocionales o psicológicos también pueden actuar conjuntamente con uno de los factores anteriores e incluyen la ansiedad por el rendimiento, la depresión, la ansiedad, el estrés y la culpa sexual.

Ciertos factores relacionados con el manejo de la salud también pueden contribuir a la disfunción eréctil, incluido el abuso de alcohol y drogas y el tabaquismo, la obesidad y la falta de ejercicio.

EL LIDERAZGO Y OTRAS HABILIDADES DURANTE UNA RUPTURA

P or desgracia, no todas las relaciones pueden salvarse, y esto se aplica a las relaciones románticas y profesionales, sociales e incluso familiares. Es posible que tengas que dejar tu trabajo por conflictos irresolubles con tus superiores o supervisores, o que te enfrentes a la pérdida de un valioso miembro del equipo. Los romances se acaban, al igual que los matrimonios y las viejas amistades. Incluso los hermanos a veces tienen que separarse por diversas razones. Es triste, pero ocurre.

Y cuando una de estas relaciones termine, es vital que recuerdes todo lo que has aprendido aquí, ya que casi todo será útil, a veces incluso necesario. Por lo tanto, vamos a ver más de cerca cómo las habilidades de liderazgo, la inteligencia emocional, las habilidades cognitivas, el pensamiento crítico y las habilidades sociales para superar una ruptura con un mínimo de disgustos o inconvenientes para cualquier parte implicada.

Tus habilidades de liderazgo serán fundamentales para la resolución pacífica de una ruptura de cualquier tipo.

Por ejemplo, la paciencia es imprescindible. Si estás rompiendo un romance (o estás en el extremo receptor) tendrás que ser paciente. Deja que el acontecimiento se produzca a su debido tiempo. Deja que la persona diga lo que quiere decir o que procese lo que tú tenías que decir. En el lugar de trabajo, en una situación social o en el hogar, esa paciencia expresará tu legítima preocupación por la otra persona y tu interés por sus deseos y metas, que probablemente ya no coincidan con los tuyos, por la razón que sea. Si te enfrentas a un hermano mayor de edad o a tu cónyuge, la paciencia es aún más importante porque estas personas están mucho más cerca de ti. Y hay lazos externos, como los hijos u otros hermanos, que hacen necesario, si no deseable, algún tipo de comunicación a largo plazo.

Otro rasgo distintivo del verdadero liderazgo, es la empatía, será bien apreciado por la persona que se encuentra en el extremo amargo de cualquier ruptura o despido. Expresa tu comprensión de sus sentimientos y reconócelos como importantes y legítimos. Sin embargo, ten cuidado de no exagerar durante una ruptura, ya que puede resultar confuso. El sentimiento de culpa puede inspirarte a ser compasivo, y debes serlo. Pero también puedes estar enviando involuntariamente señales contradictorias que sólo antagonizarán los sentimientos emocionales de ira y confusión. Si estás terminando una amistad de larga duración, es probable que sea un sentimiento mutuo, por lo que puede ser necesaria menos empatía. Puedes distanciarte y dejar que la amistad termine así, pero no siempre es posible. Lo que complica las cosas es que los compañeros de trabajo pueden convertirse en buenos amigos y los buenos amigos pueden convertirse en compañeros de trabajo. Cualquier número de cosas puede destruir la amistad pero dejar la situación laboral intacta.

La escucha activa, clave para la empatía, te ayudará a superar cualquier situación de ruptura, profesional o romántica. Si tu jefe te despide, presta mucha atención a la explicación. Podría ser una oportunidad inestimable para verte a ti mismo desde un punto de vista más objetivo, para entender mejor tus defectos, las formas en que puedes mejorar tu rendimiento en el próximo trabajo. Puede ser que no estés hecho para el trabajo que tienes, y ésta puede ser la única manera de que llegues a entenderlo. Lo mismo ocurre en las relaciones. Si te dejan, puede que hayas hecho algo mal. Un antiguo amigo puede tener una visión de los cambios en tu comportamiento que no habías notado. O puede que seas perfecto. En cualquier caso, la otra persona tiene derecho a ser escuchada.

La fiabilidad es una habilidad de liderazgo que es fundamental para superar una ruptura. Mantén tu integridad incluso en ese momento de tensión. Es una crisis, y los verdaderos líderes son fiables en tiempos de crisis. No comprometas tus estándares o tu ética por ningún trabajo o pareja íntima. No funcionará, ya que seguro que volverás a tus normas y prácticas innatas y te resentirás por haber tenido que cambiar, quizás cambiando aquellas cosas de ti que más te gustaban. El hecho de que sean rasgos que no gusten a un jefe, a un compañero de trabajo o a una pareja, no significa que no vayan a gustar a otras personas. A veces, la incompatibilidad se debe a energías diferentes que simplemente no se compenetran.

Asimismo, la fiabilidad durante una ruptura envía el mensaje a tu ex pareja y a los demás de que tu integridad está intacta y que sabes quién eres. No demuestres que tu jefe tiene razón haciendo un berrinche y destruyendo toda la oficina. No le des la razón a tu cónyuge o pareja tirando sus cosas al césped. No veas a tus antiguos amigos alejarse sacudiendo la cabeza, mientras tú deliras en un estupor de borrachera.

En este tipo de rupturas también tendrás que recurrir a otra verdadera habilidad de liderazgo, la creatividad. Necesitarás encontrar nuevas formas de superar el dolor, formas de expresarte. La necesitarás para encontrar nuevas relaciones, trabajos mejores o diferentes. Tendrás que encontrar una forma de interactuar como adultos civilizados, cuando sea necesario sin comprometer al otro, nuevas formas de comunicación que no desencadenen reacciones emocionales.

La positividad durante una ruptura, marcará la diferencia entre un clima saludable y un clima tóxico, durante y después del evento. Al fin y al cabo, las rupturas suelen ser el resultado de sentimientos y energías negativas. Es raro que una ruptura comience y termine con sonrisas, razones y un abrazo amistoso. Si no es así, te encuentras con un montón de negatividad acumulada. Es probable que afloren sentimientos de rechazo, ira, traición, opresión, depresión y otros durante o después de una ruptura. Mantener las cosas positivas es siempre una buena idea. No seas ridículo al respecto, por supuesto. No dirás: "Hemos terminado... ¿no es genial?". Pero puedes hacer sugerencias sobre los aspectos positivos de la ruptura, como por ejemplo, que libera a las partes para pasar a pastos más verdes. El fin de las tensiones persistentes y las perspectivas de curación son otros resultados positivos de una ruptura. Además, mirar atrás con gratitud no hace daño.

Puede que una retroalimentación eficaz no salve la relación profesional o personal, pero es una información que podría resultar inestimable más adelante, ya que te da la oportunidad de ver las cosas desde el punto de vista de otra persona.

La comunicación oportuna es un asunto delicado durante y después de las rupturas. Si tienes que romper, hazlo rápido o pueden resentir el retraso. No lo hagas en un evento familiar, pero tampoco es necesario esperar las vacaciones, ya que sólo sonarán falsas después de la ruptura y esos eventos parecerán deshonestos. Si tienes que hacerlo, hazlo de una vez. Olvídate de las llamadas épocas de ruptura. Puede ser inteligente no comunicarte con esa persona después de una ruptura, ya que esto puede impedir la curación y crear falsas esperanzas de un reencuentro. En el trabajo, si hay que despedir a un miembro del equipo, hazlo sin demora. Puede estar perdiendo oportunidades mientras esperas a apretar el gatillo. Si un viejo amigo ya no encaja en tu círculo social, saca el tema cuanto antes. Es probable que el problema sólo empeore. Si se trata de un divorcio o de una disputa familiar, tampoco será muy beneficioso esperar. Si estás preparado para terminar una relación, probablemente sea porque ya has esperado lo suficiente.

La creación de equipos parece una habilidad de liderazgo que no se aplicaría a una ruptura, pero piénsalo de nuevo. La pérdida de un miembro del equipo de trabajo requerirá un reemplazo, y el equipo tendrá que ser reconstruido. Puede que haya que calmar a otros miembros del equipo o reevaluarlos. Mantén el equipo fuerte a pesar de la ruptura utilizando tus habilidades de creación de equipos. Esto es especialmente crucial cuando se trata de un divorcio en el que hay niños de por medio. Los niños siguen necesitando a sus padres, por lo que el equipo tiene que mantenerse unido a pesar del cambio drástico en las condiciones de vida. Es un momento muy difícil para todos los implicados, pero es especialmente duro para los niños. La presentación de los nuevos cónyuges también implica la creación de un equipo, y de un tipo muy sensible. Aquí algunos miembros del equipo (los niños, en general) no estarán necesariamente dispuestos a participar. Necesitarán toda tu empatía, tu autoconciencia, tu flexibilidad y otras habilidades de liderazgo, sobre todo tu capacidad de crear equipos. Si pierden a sus amigos, también tendrán que crear un nuevo equipo de amigos.

La flexibilidad también es una habilidad de liderazgo crucial, especialmente durante las rupturas. Querrás evitar ser flexible en tu posición. Si has llegado a esto, dar marcha atrás no corregirá las cosas que inspiraron la ruptura en primer lugar. Y puede que sólo esté retrasando lo inevitable y ofreciendo falsas esperanzas. Pero las consecuencias pueden ser muchas y de gran alcance y tendrás que ser flexible sobre cómo afrontarlas. En una ruptura sentimental, puede haber amigos comunes involucrados. Los padres que se divorcian tendrán que lidiar con cuestiones de propiedad y custodia.

Asumir riesgos es inherente a cualquier ruptura, durante y después. El simple hecho de romper con alguien es un riesgo. ¿Será capaz de encontrar otro trabajo o un compañero mejor? Si me quedo, ¿qué me estaré perdiendo? Si me alejo de este viejo amigo, ¿a quién recurrirá él o ella? Si no puedes manejar el riesgo, las rupturas de cualquier tipo podrían ser tortuosas para ti.

Las rupturas también pondrán a prueba tu capacidad de enseñar y orientar. ¿Cómo vas a enseñar a tus hijos que la familia es lo más importante si no quieres hablar con tu propio hermano o hermana, o si además estás intentando explicarles por qué mamá y papá ya no pueden vivir juntos? El divorcio hace que enseñar a los niños sea más difícil porque sólo están en tu compañía durante un tiempo limitado. Pero las habilidades son cruciales para guiar a tus hijos a través de las complejidades de un divorcio o una separación. Lo más probable es que tu ex pareja o amigo o miembro del equipo, no tenga mucho tiempo o interés en tu tutoría en ese momento. Pero si eres tú el que deja ir o se desprende; las lecciones que aprendas podrían ayudarte a ser mentor de otros. Podrían y deberían.

Las habilidades de la inteligencia emocional, también serán inestimables para navegar por una ruptura de cualquier tipo, algunas más que otras.

El autoconocimiento es fundamental para cualquier aspecto de la vida de cualquier persona, es elemental para tener felicidad y mejorar tu vida, en cualquier momento, pero mucho más aún después de una ruptura. Si te despiden, es tu responsabilidad saber por qué, saber qué has hecho para justificar el despido. Es tu derecho legal en muchos casos. Y sólo puede ayudar a desarrollar tu autoconocimiento. Al buscar un nuevo trabajo, conocer tus habilidades y debilidades te ayudará a elegir una trayectoria profesional diferente, si es lo que necesitas. Si estás perdiendo viejas amistades, te debes a ti mismo entenderlas y entenderte. Algunos casos de enemistad entre padres e hijos adultos o entre hermanos adultos suelen reducirse a una cierta incompatibilidad, y entender eso puede ayudarnos a comprendernos mejor a nosotros mismos y a los demás.

La autorregulación también es crucial durante el periodo de ruptura y después de este. No sólo hay que regular el comportamiento durante el despido u otra separación, sino que es igual de importante después. Los días, semanas, meses e incluso años posteriores a una ruptura, pueden ser devastadores e inspirar sentimientos de inutilidad, impotencia, depresión, abuso de sustancias, mala salud mental y física, muerte prematura e incluso suicidio. Una recuperación rápida para todos los implicados suele ser el mejor camino, pero para ello es necesario regular los pensamientos y comportamientos. Hay que evitar a toda costa los pensamientos excesivos y las conversaciones negativas con uno mismo. Las actividades y energías positivas deben sustituir conscientemente a las negativas. Si has perdido un trabajo, no languidezcas en el desempleo y en el espiral descendente que crea. Si has tenido que abandonar una vieja amistad, haz una nueva.

Las habilidades sociales serán esenciales para navegar por una ruptura personal, profesional o familiar. Tendrás que mostrar respeto, observar los protocolos y no menospreciar al otro con sus amigos. Más adelante hablaremos de esto.

La empatía es una de esas habilidades comunes a los diferentes conjuntos de habilidades de verdadero liderazgo, inteligencia emocional y habilidades sociales. Es crucial durante y después de una ruptura, aunque como dijimos, debe ser entregada con moderación en estas circunstancias.

La motivación entrará realmente en juego durante las rupturas de todo tipo. Desde el punto de vista profesional, querrás despedir a tu ex miembro del equipo con la vista puesta en un futuro mejor, sin que se sienta aplastado y desesperado. Es parte de mantener las cosas positivas, una de las habilidades de liderazgo de las que hablamos anteriormente.

Las habilidades cognitivas también son inestimables a la hora de afrontar cualquier tipo de ruptura y para el periodo posterior.

La atención sostenida te mantendrá centrado en la tarea que tienes entre manos; retirar a una persona y encontrar a otra, gestionar lo que queda de tu equipo, un proyecto de largo recorrido que tendrá muchos hitos, etc. Esto es válido para las relaciones sociales, profesionales e íntimas.

Y como habrá una variedad de elementos complejos en cualquier ruptura, la atención selectiva también es crucial. Tendrás que prestar atención a sus sentimientos y a los tuyos, a sus creencias y perspectivas y a las tuyas propias, a otras complejidades de la vida. Tendrás que mantenerte centrado en el ámbito profesional o personal.

Y tendrás que dar a todas estas cosas tu atención dividida también. Si son padres divorciados, tendrán que prestar atención a los niños, a sus cónyuges, a sus trabajos, y a sus amigos. Tendrás que utilizar otras habilidades de liderazgo, como la de establecer prioridades, para poder atender todas las pequeñas crisis que probablemente surjan.

La memoria a largo plazo también será importante. Si estás perdiendo a un miembro del equipo, querrás utilizar esa memoria a largo plazo para presentar un patrón de comportamiento pobre o negativo. Si estás perdiendo a un viejo amigo, tu memoria a largo plazo de su mal comportamiento prolongado, te dará motivos para no volver a eso. Lo mismo ocurre con una pareja íntima. Esta habilidad te recordará por qué estás haciendo lo que estás haciendo, incluso cuando se te presenten argumentos posiblemente desesperados en contra. La memoria a largo plazo es la que te da la verdadera perspectiva y es crucial para tu conjunto de habilidades cognitivas.

La memoria a corto plazo, será útil, pero no es crucial para estas circunstancias. ¡No se puede tener todo!

La lógica y el razonamiento, por otro lado, entrarán en juego en prácticamente todos los momentos de cualquier tipo de ruptura. Tienes que mantenerte lógico y sin emociones. Las rupturas suelen tener una base intelectual. Suelen ser el resultado de la deliberación, la consideración y la reflexión, y esas son tareas intelectuales. En el momento en que la persona que despide o rompe, está preparada para hacerlo, hay menos emoción para ella. Para la persona que recibe la noticia es otra historia. Sin tener tiempo para procesar intelectualmente tus emociones, es probable que éstas pasen a primer plano. Al fin y al cabo, el lado emotivo del cerebro es el más rápido para actuar. Así que puedes utilizar esta habilidad cognitiva para contrarrestar la emoción, inclinarte hacia la mejor versión de ti mismo, y mantener las emociones al margen. La emoción y la razón no pueden coexistir en la misma psique al mismo tiempo, recuerda. Si te mantienes razonable, no puedes volverte emocional. Si te mantienes emocional, no podrás ser razonable. Este principio es válido, independientemente al tipo de ruptura al que lo apliquemos.

El procesamiento auditivo debe ser constante. Escucha activamente, presta atención, debes retener y recordar. Observa los cambios en el tono vocal, la velocidad, la forma y el asunto de lo que se dice, el subtexto (o lo que no se dice, pero que sin embargo está ahí). Nunca dejes de escuchar durante una ruptura o después de ella, cuando busques feedback y converses con los mentores.

Lo mismo ocurre con el procesamiento visual. Nunca hagas nada sin él, especialmente durante cualquier tipo de ruptura. Presta atención a las pequeñas señales visuales, al lenguaje corporal, a los giros de una expresión facial, que revelan lo que la persona con la que hablas está pensando realmente, a pesar de lo que pueda estar diciendo. Observa también tus propias señales auditivas y visuales, ¡puedes aprender más de ti mismo de lo que te gustaría saber!

La velocidad de procesamiento, es la última capacidad cognitiva que utilizarás para superar una ruptura. Esto es especialmente cierto en el período inmediatamente posterior a la ruptura. Procesa la información dolorosa, haz los ajustes que te sugiera tu análisis, tu reflexión y tus comentarios, elabora un plan y ponlo en práctica. Consigue un nuevo trabajo, busca una nueva pareja, encuentra nuevos amigos, cambia tu comportamiento, múdate. Pero es muy importante no languidecer, no pensar demasiado, no encerrarse en la infame parálisis del análisis que impide la acción posterior, en favor de la deliberación constante.

Pasamos entonces al pensamiento crítico y sus aplicaciones para una situación de ruptura, el fin de una relación profesional, íntima, familiar o social.

El primer elemento del pensamiento crítico es la identificación, y te apoyarás mucho en esta habilidad. Tendrás que identificar tus emociones al ser despedido, o estarás identificando las razones por las que una persona no encaja bien en tu equipo. Tendrás que identificar por qué quieres dejar a tu pareja y qué piensas hacer después. Si eres tú quien ha sido dejado, tendrás que identificar tus emociones y lidiar con ellas. También tendrás que identificar el remedio o los remedios.

La investigación es un elemento de pensamiento crítico que encontrarás muy valioso aquí. Lo estás haciendo ahora mismo. Pero querrás preguntar a tus mentores cuál es la mejor manera de superarlo en función de las particularidades de la situación, los comportamientos y las personalidades implicadas. Esto es válido independientemente del tipo de relación que estés terminando.

Identificar los prejuicios es crucial. Si estás despidiendo empleados en tu lugar de trabajo basándote en prejuicios, estás asumiendo el riesgo legal de una demanda civil por discriminación. En el mejor de los casos, no estás defendiendo los mejores estándares, que es lo que hace un verdadero líder. Si los prejuicios afectan a tu vida romántica o a tus amistades, eso es asunto tuyo. No hay ninguna ley que prohíba tener prejuicios. Y tampoco puedes evitar los prejuicios. Un prejuicio es básicamente lo que sientes. La intolerancia es esencialmente cómo actúas en base a tus prejuicios. Así que, aunque tengas prejuicios, nunca debes permitir que el comportamiento intolerante refleje esos prejuicios. Eso es ser un líder sólo de nombre, y probablemente no lo serás por mucho tiempo.

La inferencia será tu mejor amiga en los momentos en los que se acabe una relación. Es casi seguro que la comunicación clara se verá comprometida por la emoción en algún momento. La gente simplemente no es tan comunicativa en esas situaciones (o en ninguna). La cortesía y el protocolo nos enseñan a no ser completamente comunicativos incluso en las mejores circunstancias. Así que tendrás que hacer muchas deducciones, sea cual sea el lado de la ruptura en el que te encuentres. Ya sea la verdadera razón de la ruptura o el verdadero sentimiento detrás de la máscara que lleva el otro, habrá más de lo que puedas inferir durante una ruptura.

Priorizar también será más que práctico, necesario. Si te han despedido, sabes que no hay tiempo que perder. Da prioridad a recuperarte. ¿Has tenido que dejar marchar a alguien? Sustituirlo por un miembro mejor del equipo es tu prioridad y eso es fácil de ver. ¿Con el corazón roto, abandonado por un viejo amigo? Pregúntate cuánto importaba realmente ese viejo amigo o ex compañero.

La curiosidad es el último elemento del pensamiento crítico y debe permanecer viva en tu corazón y en tu mente durante los momentos de ruptura. Interésate por lo que viene a continuación. Interésate por lo que el nuevo miembro de tu equipo aportará al proyecto, o por cómo mejorará el clima. Siente curiosidad por tus nuevos amigos y nuevos socios. Incluso puedes sentir curiosidad por tus hermanos o padres alienados. Siguen siendo tu familia, y una persona con mentalidad de crecimiento sabe que las circunstancias pueden cambiar. El hecho de que no puedas estar en la misma habitación con una persona por el motivo que sea no significa que no le desees lo mejor y quieras saber cómo está progresando.

Las habilidades sociales están esencialmente dirigidas a un objetivo y pueden variar según la situación, como hemos visto.

Nuestra vieja amiga, la empatía, es fundamental para las habilidades sociales, porque entender cómo se siente la gente, ser capaz de compartir su perspectiva e incluso sus dolores y emociones, es clave para la interacción social.

Una habilidad social que será útil para transitar una ruptura de una relación profesional, íntima, social o incluso familiar; es mantener el contacto visual. Demuestra respeto, consideración y que estás escuchando activamente. Demuestra que no tienes miedo de mostrarte, incluso en ese momento.

El lenguaje corporal llegará lejos, no solo durante la ruptura sino también después. No gruñir ni chasquear durante la experiencia desagradable. Después, observa tu postura y tus expresiones faciales. No dejes que el evento se apodere de tu cuerpo. Seguir adelante significará la autodisciplina para controlar tus propios movimientos.

Se consciente (siempre, pero más en estos casos) de ser asertivo y no agresivo. Esta es una línea delicada que puede marcar la diferencia al transitar una ruptura de cualquier tipo. La asertividad se trata de declarar lo que quieres o necesitas. La asertividad se trata de defender tu posición. La agresividad se trata más de exigir, desafiar, atacar. Favorece siempre lo primero y evita lo segundo en cualquier negociación, ya sea un contrato o una ruptura, profesional o íntima, social o familiar.

Tener buenas habilidades sociales incluye seleccionar los mejores canales de comunicación. No rompas con alguien a través de mensajes de texto, no despidas a nadie con un megáfono. No termines una amistad en la boda de esa misma persona. No confrontes a tu hermano hostil en el funeral de tu madre (en ese caso, podrías enviar un mensaje de texto... ¡es broma!)

La flexibilidad y la cooperación serán esenciales para afrontar una ruptura, especialmente en el caso de compañeros de trabajo o padres divorciados, como hemos visto.

Aceptar las críticas sin estar a la defensiva es otra clave para manejar estas situaciones con habilidad. Terminarás recibiendo algunas críticas en algún punto de la línea, de un jefe crítico o miembro del equipo rencoroso, de un compañero despreciado enojado o en forma de rechazo romántico, de un amigo, hermano, hijo o padre enojado. La actitud defensiva cerrará tu mente cuando ésta debería estar abierta. No será fácil, pero esta es una habilidad social que todos se beneficiarían de dominar. Es sorprendente la cantidad de personas que no pueden manejarlo ni siquiera en los detalles más mínimos. La más mínima crítica enfurece a algunas personas, pero estos son líderes emocionalmente ignorantes, solo de nombre.

Mantenerse positivo es otra habilidad que se superpone de un conjunto de habilidades a las demás, pero es un buen recordatorio de lo importante que es en estos y otros momentos. En cualquier crisis, la positividad es una ventaja. Al igual que mostrar respeto y ser un buen alumno y maestro. Muestra respeto por la persona que se va y, aún más difícil, por la persona que te está dejando. Es posible que no puedas tolerar la compañía o los puntos de vista políticos de tu hermana adulta, pero aún puedes mantener su buena actitud y aprender de esa experiencia y compartir esa lección con los demás.

Sobre todo, conserva su humanidad. Eres un ser humano, no una colección de hábitos y nociones. Mantener el sentido de tu propia humanidad y la humanidad de los demás, hará que superar estos tiempos difíciles sea más fácil; tanto sea una relación profesional o personal, íntima o familiar. Este es el principio central frente a todos los demás, la noción central que te guiará en el verdadero liderazgo, inteligencia emocional, habilidades cognitivas, pensamiento crítico y habilidades sociales. Respeta a la humanidad. Después de todo, es algo que todos tenemos en común.

CONCLUSIÓN

Y eso nos lleva al final de esta particular etapa de tu viaje por la vida, en busca de mayores habilidades de liderazgo. Ahora eres más consciente de tu estilo de liderazgo, de tu empatía y de tu atención plena. Estás más en sintonía con tu inteligencia emocional y tienes un mayor control sobre tu comportamiento y una mayor influencia sobre el comportamiento de los demás. Probablemente has agudizado tus capacidades cognitivas y has llegado a conocer un poco mejor cuáles son. Tus nuevas habilidades de pensamiento crítico te servirán en tus círculos profesionales, personales, sociales e íntimos, y podrás transmitirlas a los demás. Esto reforzará tu familia, tu equipo y tus amistades.

Ya sabes cómo aplicar esta información a las relaciones de todo tipo y en todas las etapas; al principio, en el medio, e incluso al final.

Pero el viaje no ha terminado. Parte de ser un verdadero líder es ser siempre curioso, estar siempre aprendiendo y mantenerte al día con los últimos datos, técnicas y tecnologías. Es probable que este libro te haya entusiasmado para seguir aprendiendo en un proceso continuo de descubrimiento y autorrealización. Querrás llevar esa curiosidad y deseo de logro y mejora a otros aspectos de tu vida. Mejorar la comunicación en las relaciones, superar el pensamiento excesivo y la procrastinación y ser un trabajador o directivo más productivo; hay mucho que aprender. Tenemos varios libros sobre estos mismos temas y muchos más, que ofrecen la información más reciente de forma clara, con ejercicios prácticos y un poco de humor.

Y lo que es más importante, has aprendido que este tipo de habilidades, siempre pueden aprenderse y mejorarse. Tu nueva mentalidad de crecimiento te permite ver la vida como un proceso de desarrollo. Nadie tiene que estar limitado por lo que parece ser una falta de talento natural. Estas cosas se aprenden, se perfeccionan, se desarrollan, evolucionan con el tiempo y la experiencia. Seguro que tenías esperanza cuando empezaste este libro, pero ahora tienes certeza. Y debes tener la confianza en ti mismo, para utilizar esta valiosa información para hacer el trabajo para ti y para los que te rodean. Bien hecho por dominar tus habilidades de liderazgo, ahora ve y domina otras habilidades. Ese es el camino para convertirte en una persona verdaderamente autorrealizada, y vivir una vida más larga, más feliz y más plena.

www.ingramcontent.com/pod-product-compliance
Lightning Source LLC
Chambersburg PA
CBHW030242030426
42336CB00009B/220